新編 生命の實相 第61巻
幸福篇

日輪めぐる

下

谷口雅春
Masaharu Taniguchi

光明思想社

編者はしがき

本書「幸福篇」下巻には、我々が実生活で体験する様々な「誤った心の有り様《あよう》」が具体的に取り上げられ、その心を如何《いか》にして消し去るかが説かれている。

この現実世界は「心」が造り上げる「影の世界」である、と谷口雅春先生は説かれている。自分自身と自分が接する周囲の世界は「自分の心」が造り上げ、自分のいる社会や国家は「その社会や国家の人々の集合の心」が造り上げ、人類全体の出来事は「人類の心」が造り上げている。

このように、現実世界は「心」が造り上げた世界であり、「心」の投影した「写し絵の世界」である。だからこの世界のすべては実在ではなく「心の投影による影」即ち「現象」であるから、この我々の現実世界を「現象世界」という。そしてこの現象世界には、人間の心の投影の影とともに、神の御心が造り給うた実相世界の影も投影されている。前者を偽象《ぎしょう》といい、後者を真象《しんしょう》という。この現象世界はその両者が入り交じった「影の世界」である、と谷口雅春先生は説かれているのである。

そして、この現象世界は「心によって造られた世界」であるという「横の真理」と同時に、「人間・神の子、実相のみ実在する」との「縦の真理」も説かれた。この「縦の真理」と「横の真理」が十字交差している「唯神実相論」は、宗教史上画期的な宗教理論であるとともに、実際に人々を救ってきた「人間救いの原理」でもある。

現象界のすべての事物は「心の展開」であるということは、幸福や不幸も、健康や病気も、裕福や貧乏も、平安や争いも、すべては「心」が形を現しているということである。「心」によってこの世界は苦しみの世界にもなり、明るい歓びに満ちた世界にも変わるということである。

病気も貧乏も家族の不和も「心の影」である。我が身に起こる様々な問題もすべて「心の影」である。その「横の真理」をしっかり把《つか》めば、我々の人生は思いのままになり、人生の勝利者となる、と谷口雅春先生は説かれ、その教えを素直に従った人々は驚くべき変化を体験し、多くの人々が救われている。これを人類にとっての「最高の救いの教え」と言わずして何と言うべきであろう。

本書には、我々を不幸に陥れる色々の心が取り上げられ、それらの心から我々を解放する道が示されている。

例えば、「負債」に苦しむ人は「欠乏」の思いを隠し持っているのであるから、「欠乏」を「お蔭」（神からの供給）に転向して次のように思念するがよい、と述べられている。

（自分が債権者である場合）「あの人に貸し与えたほど豊かな供給を得て有りがたい」（七頁）

「神の無限の愛われに流れ入り給《たま》いて、愛の霊光燦然《れいこうさんぜん》として輝き給い、すべての不安、恐怖、憂鬱を雲の如く散《ち》らしめたまうのである。」（一一頁）

（自分が債務者である場合）「あの人を通して無限の供給を恵みたまうて有難い。神の無

限の供給が種子《たね》になって愈々益々《いよいよ》幸福がやって来る、有りがとうございます」(七～八頁)
また、「貧乏」も「欠乏」の想念の具象化である。努力、誠実、「サービス」、「愛念」、持続力、寛容精神、与える心、それらの心の欠乏の具象化が「貧乏」であるから、次の言葉を唱《とな》えるとよい。
「吾《われ》は神と一体である。神が吾《われ》を赦《ゆる》し愛し給《たま》うが如く、我《われ》もすべての人を赦し愛するのである。神の無限の愛と赦しがわが中《うち》に満ちていて全ての人を赦し愛したまうのである」(一一頁)
また、便秘に悩む人は「把《つか》む心」によって内臓や筋肉を硬化させ、萎縮《いしゅく》させてしまうのであるから、その症状には次のように唱《とな》え、心から便秘を放つのである。
「人間は神の子であるから、便秘ぐらいによって害されるものではない。われ便通によって生きず、神の生命《いのち》によって生くるなり」(一一一頁)
そして「根本的には、ゆたかに愛しゆたかに釈《ゆる》す念《こころ》を起すことである。」(一一一頁)と説かれている。

また、病気一般の治癒のためには、常に感謝の心、赦《ゆる》しの心、和解の心を起こさなければならない。そのために、就寝前の「赦しの祈り」を行うべきである。病気は、人を呪ったり、憤《いきどお》ったり、憎んだり、反感を持ったりする心から生ずる。だから、その人を赦し、和解し、その過失を赦して眠ることである。「眠っている間に最も多く癒《いや》しの神力《しんりょく》（自然療能《しぜんりょうのう》）は進行する」（一六四頁）からである。

その赦しと和解の言葉は次の通りである。

「『私はもうあの人を憎んでいない。』

あの人があの時ああいう態度に出たことは、却《かえ》って私にとって必要なことだったのである。私が彼を憎んでいたのは、私の観察眼が狭いために、あの人がああいう態度に出たことを、自分に害があるように思って思い違いしていたに過ぎないのである。本当はあの人があゝしてくれたので、私のためになったのである。私はあの人に感謝する。何某《なにがし》よ、私はあなたに感謝する、本当に感謝する。私はあなたに感謝し、あなたを祝福するものである。有難うございます。有難うございます」（一六四頁）

眠りから覚めた翌朝にも神想観《しんそうかん》を行うべきである。寝床の上に正坐合掌して次のように念じつつ神想観を始めるのがよいのである。

「旧《ふる》き天と地とは過ぎ去れり、自分に過去は無いのである。今が新生である。新しき神の生命《いのち》が天降《あまくだ》ったのである。」(一六五頁)

「私は罪なき神の子である。すでに浄《きよ》まれる者である。神の健康なる生命《いのち》、神の喜びに満ちた生命《いのち》が私である。私は喜びそのものである。私は幸福そのものである。私は健康そのものである」(一六六頁)

本篇「幸福篇」の毎日の箴言《しんげん》を充分に味わって頂ければ、真理の言葉が我が心を浄化し、神の光が屈折することなくこの現象世界に投影され、我々の周囲には天国浄土が展開される、と谷口雅春先生は説かれているのである。

令和六年三月吉日

谷口雅春著作編纂委員会

幸福篇

日輪《にちりん》めぐる（下）

目次

編者《へんじゃ》はしがき

幸福篇《こうふくへん》　日輪《にちりん》めぐる（下）

九月　苦難既《くなんすで》に無《な》し　3
十月　円満具足《えんまんぐそく》　31
十一月　更《さら》に新芽《しんめ》を含《ふく》む　67
十二月　陳《ふる》きもの自《おのずか》ら謝《さ》る　119

第59巻・幸福篇　日輪めぐる（上）

一月　新《あらた》に生まる

二月　衣を更《か》えて

三月　弥々《いよいよ》生《お》うるいのち

四月　若葉寄り繁る

第60巻・幸福篇　日輪めぐる（中）

五月　陽《ひ》めぐりいず

六月　紅白むすぶ

七月　真諦成就《しんたいじょうじゅ》

八月　八方礼拝《はっぽうらいはい》

凡例

一、本全集は、昭和四十五年〜昭和四十八年にわたって刊行された愛蔵版『生命の實相』全二十巻を底本とした。本書第六十一巻は、愛蔵版第十九巻『幸福篇』を底本とした。

一、本文中、底本である愛蔵版とその他の各種各版の間で異同がある箇所は、頭注版、初版革表紙版、黒布表紙版等を参照しながら確定稿を定めた。

一、底本は正漢字・歴史的仮名遣いであるが、本全集は、一部例外を除き、常用漢字・現代仮名遣いに改めた。

一、現在、代名詞、接続詞、助詞等で使用する場合、ほとんど用いられない漢字は平仮名に改めた。

一、本文中、誤植の疑いがある箇所は、頭注版、初版革表紙版、黒布表紙版等各種各版を参照しながら適宜改めた。

一、本文中、語句の意味や内容に関して註釈が必要と思われる箇所は、頭注版を参照しつつ脚註として註を加えた。但し、底本の本文中に括弧で註がある場合は、例外を除き、その箇所のままとした。

一、聖書、仏典等の引用に関しては、明らかに原典と異なる箇所以外は底本のままとした。

一、頭注版『生命の實相』全四十巻が広く流布している現状に鑑み、本書の章見出し、小見出しの下の脚註部分に頭注版の同箇所の巻数・頁数を表示し、読者の便宜を図った。

一、本文と引用文との行間は、読み易さを考慮して通常よりも広くした。

一、本文中に出てくる書籍名、雑誌名はすべて二重カギに統一した。

幸福篇　日輪《にちりん》めぐる（下）

九月　苦難《くなん》既《すで》に無し

九月一日

吾等《われら》は全《すべ》ての人《ひと》を赦《ゆる》さなければならないのである。全《すべ》ての人の中《なか》には、自《じ》分自身《ぶんじしん》を含《ふく》んでいるのである。自分自身の欠点《けってん》を赦《ゆる》さなければならないのである。あなたの欠点に向《むか》って、心の中《なか》で次のように唱《とな》えてその欠点を赦《ゆる》すのが一《ひと》つの良《よ》き方法《ほうほう》であるのである。

「自分《じぶん》は既《すで》に赦《ゆる》されたり。神によって完全《かんぜん》にせられたのである。最《も》早《はや》、欠点もなく浄《きよ》められたのである。」こう繰返《くりかえ》し繰返《くりかえ》し念《ねん》じて、神の光明《こうみょう》の中《なか》へ融《と》け込《こ》んで、完全に雪の如《ごと》く清浄《せいじょう》にせられたる自分を瞑想《めいそう》するが好《よ》いのである。

九月二日

すべての事物《じぶつ》は、想念《そうねん》の具象化《ぐしょうか》であるから、吾々自身《われわれじしん》のうちに、自己《じこ》でも

日輪めぐる　円い太陽が毎朝昇るさま。本篇は昭和十三年の『生長の家』誌一～十二月号に「生長の家自由日記　光への道中記」の題で連載された。四十巻本の携帯版および頭注版では書名が「毎日の修養」である

苦難既に無し（前頁）本篇の九月の内容は昭和二十八年発行の新修版より刷新された。それ以前の各版は「九十霊略解」と題する言霊学の講義であった。その概要は新装新版『真理』第四巻「青年篇」第十三章「言霊の神秘に就いて」に受け継がれている

頭注版㊳七二頁

清浄　清らかでけがれのないこと

頭注版㊳七二頁

具象化　形になってあらわれること

他人《ひと》でも呪《のろ》ったり、憎《にく》んだり、不完全《ふかんぜん》だと責《せ》める想念《そうねん》を起《おこ》してはならないのである。この真理《しんり》を、キリストは「我《われ》らに負債《おいめ》ある者《もの》を我《われ》らの免《ゆる》したる如《ごと》く、我《われ》らの負債《おいめ》をも免《ゆる》し給《たま》え」と祈《いの》るようにして教《おし》えたのである。

大体《だいたい》ひとに罪《つみ》を着せて、「あいつは悪い奴《やつ》だ」と思っていて、自分《じぶん》に幸福《こうふく》が来るはずはないのである。何故《なぜ》なら「類《るい》を以《もっ》て集《あつま》る」「類は類を招《まね》く」のが心の法則《ほうそく》であるからである。「人《ひと》を呪わば穴二《あなふた》つ」という諺《ことわざ》の通《とお》り「人を罪する心」をもっている限《かぎ》りは「自分を罪する」(即《すなわ》ち自分を不幸《ふこう》にする)何者《なにもの》かがあらわれて来るのである。

九月三日

人を審判《さば》く者《もの》は、また自分も審判《さば》かれるのである。聖書《せいしょ》に「人の負債《おいめ》を赦《ゆる》せ」とあるのは、人に金《かね》を貸《か》してあるのにその借金証文《しゃっきんしょうもん》を全部《ぜんぶ》焼いてそれを帳消《ちょうけ》しにせよという意味《いみ》ではないのである。そんなことをしたら商取引《しょうとりひき》

キリスト　イエス・キリスト。キリスト教の始祖。紀元前四年頃～三十年頃。パレスチナで教えを宣布し、多くの奇蹟を起こした。ローマのユダヤ総督ピラトによって磔に処された

「我らに負債ある…」『新約聖書』「マタイ伝」第六章の「主の祈り」の言葉。本全集第十巻「聖霊篇」下巻五五頁、第四十八巻「聖典講義篇」一六八頁参照

「類を以て集る」　似通った者、波長の合う者は自然と寄り集まること

「人を呪わば…」　人を呪えば相手と自分のための二つの墓穴が必要となる

頭注版㊳七三頁

聖書　ユダヤ教とキリスト教の聖典。ユダヤ教は『旧約聖書』、キリスト教は『旧約・新約聖書』

は成立《なりた》たないのである。「あいつはわしに損《そん》かけている」という感《かん》じを捨《す》て、「あの人《ひと》のお蔭《かげ》で商売《しょうばい》（その他何《たなん》でも）が成立《なりた》っているのだ、有難《ありがと》うございます」という気持《きもち》になることなのである。憎《にくし》みや、呪《のろ》いや、腹立《はらだ》ちの感じを感謝《かんしゃ》に変化《へんか》してしまうことである。出来《でき》るならば、憎《にく》んでいた人の名前《なまえ》を一々《いちいち》となえて「私はあなたを赦《ゆる》しました。私はあなたに感謝しています。有《あ》りがとうございます」と毎朝夕《まいあさゆう》二十分位《ぷんくらい》ずつ思念《しねん》するが好《よ》い。

九月四日

誰《たれ》かが犠牲《ぎせい》になるとか、損をかけられるとかいうことは、実相永遠《じっそうえいえん》の秩序《ちつじょ》に於《お》いては決《けっ》してあり得《え》ないのである。宇宙《うちゅう》は唯一《ただひと》つの智慧《ちえ》（神）によって創《そう》造《ぞう》され、運行《うんこう》しているのであるから、その間《あいだ》には調和《ちょうわ》した平衡《バランス》が得《え》られているのであって、誰《たれ》が、誰《たれ》に、損をかけたとか、誰《たれ》が誰《たれ》を不幸《ふこう》に陥《おとしい》れたとかいうことは実相《じっそう》に於《お》いてはあり得《え》ないのである。どこにも自分《じぶん》を害《がい》した者《もの》も

頭注版㊳七三頁

平衡　つり合いがとれていること。均衡

ないのである。一切《いっさい》の不調和《ふちょうわ》は心の世界《せかい》にあるのであるから、損失《そんしつ》や、犠牲《ぎせい》や、負債《おいめ》は先《ま》ず心の中《なか》で克服《こくふく》しなければならないのである。心の世界でそれを消滅《しょうめつ》するとき、損《そん》をかけた人《ひと》も、損をかけられた状態《じょうたい》もなくなるのである。

頭注版㊳七四頁

九月五日

負債《おいめ》というものの観念《かんねん》の中《なか》には、「欠乏《けつぼう》」の感《かん》じが潜在《せんざい》しているのである。債権者《さいけんしゃ》は、返してくれるはずのものが「欠乏」していると考える。負債《おいめ》というものを考えるとき、どちらの側《がわ》も「欠乏」という観念《おもい》から脱《ぬ》け出《だ》すことが出来《でき》ないのである。本当《ほんとう》に繁栄《はんえい》を得《え》ようと思うならば、この欠乏の感じを「お蔭《かげ》」(神からの供給《きょうきゅう》)の考えに転向《てんこう》してしまうことが必要《ひつよう》なのである。債権者の方《ほう》からは「あの人《ひと》に貸《か》し与《あた》えたほど豊かな供給を得《え》て有《あ》りがたい」と考え、債務者《さいむしゃ》の方《ほう》からは、「あの人を通《とお》して無限《むげん》の供給を恵《めぐ》みたまうて有《あり》

債権者　金銭を借りた者に対してその返還を請求する権利を持つ貸し手

転向　方向や立場などを変えること

債務者　金銭の貸し手に対してその返還をしなければならない借り手

難《がた》い。神の無限《むげん》の供給《きょうきゅう》が種子《たね》になって愈々益々《いよいよますます》幸福《こうふく》がやって来る、有《あ》りがとうございます」と考えるが好《よ》い。

九月六日

相手《あいて》が債務《さいむ》を履行《りこう》しないことを責《せ》める心、払《はら》わせようと「損《そん》」を気に懸《か》ける心よりも、「既《すで》にわれ無限供給《むげんきょうきゅう》の富《とみ》を受けたり」という「供給豊富《きょうきゅうほうふ》」の観念《かんねん》を常《つね》に心に持ち続ける方《ほう》が、実際《じっさい》に富を一層増大《いっそうぞうだい》することになるのである。気の小さいようなことではいかぬ。一方《いっぽう》で損をしたにしてもクヨクヨと思ってはならない。一切《いっさい》の富は「神」より来《きた》るのであり、「神」は至《いた》る処《ところ》に満《み》ち充《み》ちていたまうのであり、そして吾々《われわれ》の想念《そうねん》する通《とお》りの形《かたち》をとって顕《あらわ》れたまうのであるから、「損」を心に描《えが》くことなく、自分《じぶん》に「損」をかけたと思う人《ひと》に対《たい》しては、特《とく》にその人が「豊富《ほうふ》」であるように念《ねん》じてやることが相手《あいて》を生かし自分の債権《さいけん》も生かすことになる。

頭注版㊳七五頁

履行　債務を果たすことによって債権の内容を実現すること。金銭の貸借の場合は借りた金銭を返還すること

九月七日

他《ひと》の借金《しゃっきん》を支払《しはら》ってやる位《くらい》でないと本当《ほんとう》に無限《むげん》の富《とみ》の源泉《げんせん》を捉《とら》えることは出来《でき》ぬのである。といってそれは紙幣《しへい》や小切手《こぎって》で支払ってやることではない。貧《まず》しき者《もの》を心の中《なか》で祝福《しゅくふく》してやり、「汝《なんじ》は神の子であって神の無限供給《むげんきょうきゅう》により一切《いっさい》の負債《おいめ》は支払われ、今《いま》、汝《なんじ》は既《すで》に無限の供給《きょうきゅう》を受けているのである」という意味《いみ》のことを思念《しねん》してやることである。特《とく》に自分《じぶん》に損《そん》をかけた人《ひと》に対《たい》しては、尚一層《なおいっそう》この思念を恵《めぐ》み与えてやることが、却《かえ》って彼《かれ》を富《と》まして、その損失《そんしつ》を償《つぐな》うだけの力《ちから》を養《やしな》ってやることになるのである。ところが大《たい》抵《てい》の人は自分に損をかけた人を祝福するどころか、憎《にく》んで「不幸《ふこう》になれ」と念《ねん》ずるから結果《けっか》は反対《はんたい》となり損失は償われないことになる。

頭注版㊳七五頁

小切手　銀行に呈示することで、当座預金者の預金口座からの払い出しができる有価証券

九月八日

神は一切《いっさい》の本源《ほんげん》であり、到《いた》る処《ところ》に充《み》ち満《み》ちてい給《たま》い、吾々《われわれ》に無限《むげん》に健康《けんこう》なる生命《せいめい》と、豊かなる供給《きょうきゅう》とを与えていられるのである。しかし、それはラジオの波《なみ》のように肉眼《にくがん》には視《み》えないのであって、唯吾々《ただわれわれ》がそれに対《たい》して適当《てきとう》な条件《じょうけん》を与えることによって可視的世界《めにみえるせかい》にあらわれて来るのである。富《と》める者《もの》に嫉妬《しっと》し、それを搾取《さくしゅ》であるとして呪《のろ》うことは、「富《とみ》」そのものを呪い、「富を持つこと」そのことを排斥《はいせき》することになるから、その人《ひと》は大《おお》いに富むことは出来《でき》ないのである。貧《まず》しき者、損《そん》をかけた者を、「無限供給《むげんきょうきゅう》」の思《し》念《ねん》によって祝福《しゅくふく》してあげると共《とも》に、富める者にも祝福を与えることが却《かえ》って自己《じこ》を富ます道《みち》である。

頭注版㊳七六頁

搾取　生産者の労働の成果をしぼり取ること

九月九日

頭注版㊳七七頁

貧乏《びんぼう》は、「欠乏《けつぼう》」の想念《そうねん》、「努力《どりょく》」の欠乏、「誠実《せいじつ》」の欠乏、「サービス」の欠乏、「愛念《あいねん》」の欠乏、「持続力《じぞくりょく》」の欠乏、「寛容精神《かんようせいしん》」の欠乏、「与える心」の欠乏等《とう》の具象化《ぐしょうか》であるということが出来《でき》る。特《とく》に寛容精神の欠乏は、甚《はなは》だしく他《ひと》に対《たい》して批評的《ひひょうてき》になるために、他《ひと》から愛されることなく如何《いか》に自己《じこ》が賢明《けんめい》で、実力《じつりょく》も、努力も、誠実もありながら世《よ》に容《い》れられないで失《しっ》敗《ぱい》してしまう原因《げんいん》になるのである。「吾《われ》は神と一体《いったい》である。神が吾《われ》を赦《ゆる》し愛し給《たま》うが如《ごと》く、我《われ》もすべての人《ひと》を赦《ゆる》し愛するのである。神の無限《むげん》の愛と赦《ゆる》しがわが中《うち》に満《み》ちていて全《すべ》ての人を赦《ゆる》し愛したまうのである」と念《ねん》ずることは愛と寛容の精神《せいしん》を養《やしな》うのに最《もっと》も良《よ》い。

寛容　心が広く、他人のあやまちを許すこと

九月十日

頭注版㊳七七頁

「神の無限の愛われに流《なが》れ入《い》り給《たま》いて、愛の霊光燦然《れいこうさんぜん》として輝《かがや》き給《たま》い、すべての不安《ふあん》、恐怖《きょうふ》、憂鬱《ゆううつ》を雲の如《ごと》く散《ち》らしめたまうのである。」常《つね》に暇《ひま》あれば

燦然　光り輝いているさま

かく念《ねん》じて自分自身《じぶんじしん》の心の中《なか》に神の愛をもって満《み》たせ、もしあなたが誰《たれ》かに貸金《かしきん》があったり、店子《たなこ》が家賃《やちん》を払《はら》ってくれなかったり、商品《しょうひん》の決済《けっさい》をしてくれなかったりしたとて、その債務者《さいむしゃ》が不正直《ふしょうじき》で悪意《あくい》があるとか、払わぬつもりでいるとか考えてはならないのである。もしそんな想念《そうねん》を起《おこ》したならば相手《あいて》は益々《ますます》不正直になり、誠意《せいい》がなくなり、払わぬつもりになるばかりである。自分《じぶん》に債務《さいむ》のある者《もの》を常《つね》に善意《ぜんい》をもって扱《あつか》い、善念《ぜんねん》を送り、愛念《あいねん》を送り、無限供給《むげんきょうきゅう》の念《ねん》を送ればその債務は速《すみや》かに支払《しはら》われる。

店子　借家に住む者
決済　支払によって取引を完了させること

九月十一日

人《ひと》の悪口《わるくち》を決《けっ》して蔭《かげ》でも喋《しゃべ》ってはならない。言葉は種子《しゅし》であるから、悪《あく》を喋《しゃべ》れば悪《あく》が出てくるのである。外見《がいけん》が如何《いか》にあろうとも、すべての人に対《たい》して、愛と敬《けい》とをもってその人の繁栄《はんえい》と幸福《こうふく》とを祈《いの》るべきである。万人《ばんにん》は神に於《お》いて一体《いったい》であり、彼《かれ》の不幸《ふこう》は必《かなら》ずや、彼と一体であるところの自己《じこ》の不幸

頭注版㊳七八頁

となって現《あらわ》れて来るのである。吾々《われわれ》は神から無限《むげん》の愛を受けているのであるからその愛を、他《た》の人間《にんげん》に愛念《あいねん》を送ることによって返還《へんかん》しなければならぬのである。かくしてあなたが神の愛を、彼《かれ》に返還するとき、彼もまた、あなたに対《たい》して神の愛を返還してくれるのである。

九月十二日

各人《かくじん》の富《とみ》は、神の無限供給《むげんきょうきゅう》の源泉《げんせん》を、自分《じぶん》の心で受《う》け得《え》た分量《ぶんりょう》だけであるから、自分自身《じぶんじしん》の心の影《かげ》だということが出来《でき》るのである。もしすべての人《ひと》の富を回収《かいしゅう》して、それを全人類《ぜんじんるい》に平等《びょうどう》に分配《ぶんぱい》しても、たちまちのうちに富《と》む者《もの》は富み、貧《まず》しくなる者は貧しくなるであろう。その人の心が、その分配されたものを操作《そうさ》して各々《おのおの》異《こと》なる結果《けっか》を生《う》むことになるのである。今日《こんにち》自分が働《はたら》く力《ちから》、考える力、生きる力、味《あじわ》う力……等々《とうとう》を与えられていることを感《かん》謝《しゃ》せよ。既《すで》に無限の供給《きょうきゅう》の今《いま》あることに感謝せよ。（損失《そんしつ》なんて考える必《ひっ》要《よう》はないのである）そして、感謝《かんしゃ》の中《うち》に報恩《ほうおん》のために働《はたら》く力《ちから》を、考える力を他《ひと》のために与えて奉仕《ほうし》せよ。これが富《とみ》の道《みち》である。

九月十三日

金《かね》を借りるのは必《かなら》ずしも悪いことはないが、約束《やくそく》の時《とき》に必ず返却《へんきゃく》し得《う》る万全《ばんぜん》の用意《ようい》が出来《でき》ていなければならないのである。返却し得《う》る可能性《かのうせい》だとか決心《けっしん》だけではいけない。碁《ご》の布石《ふせき》のように、この石をこう置いたらこの次の石はこうなるというハッキリした計画《けいかく》と準備《じゅんび》があって、それで金《かね》を借りるのなら好《よ》い。実際《じっさい》神の無限供給《むげんきょうきゅう》があるのに、「債務《さいむ》を負《お》っている」という一《いっ》種《しゅ》の「欠乏《けつぼう》」とか「貧乏《びんぼう》」とかの観念《かんねん》の伴《ともな》い易《やす》い生活条件《せいかつじょうけん》に入《い》ることは好《この》ましくないのである。神の無限供給の世界《せかい》に入《い》るならば、そこには債権者《さいけんしゃ》も債務者《さいむしゃ》もないのである。そこは、唯恵《ただめぐ》まれている世界である。その恵みに報《ほう》謝《しゃ》する働《はたら》きをしておれば必要《ひつよう》なものは悉《ことごと》くやって来るのである。

報恩　恩恵にむくいること。恩返しをすること

頭注版㊳七九頁

布石　囲碁で、序盤戦での要所への石の配置。転じて将来のために備えを配置すること

報謝　恩に報いて徳に感謝すること

九月十四日

頭注版㊳八〇頁

人《ひと》の物《もの》を値切《ねぎ》るようなケチな心を起《おこ》してはならない。値切る心は値切られるのである。あなたの得《え》た物（又《また》は人）の値打《ねうち》だけを充分《じゅうぶん》与えるように心懸《こころが》けなければならない。値打《ねうち》だけを買取《かいと》り、値打《ねうち》だけを支払《しはら》い、しかも自分《じぶん》も出来《でき》るだけ力《ちから》を尽《つく》して奉仕《ほうし》するのだ。ただ金《かね》だけ出して与えたつもりになっていて怠惰《たいだ》や放漫《ほうまん》になってはならないのである。与えたけれどもそれが浪費《ろうひ》になったという場合《ばあい》は、自分が智慧《ちえ》を出さず、愛を出さず、生命力《せいめいりょく》を注《そそ》がないからである。ともかく、与えることを出来るだけあらゆる方面《ほうめん》に試《こころ》みてみよ。「返《かえ》って来る」というような予想《よそう》なしに神の愛で与えるのだ。

怠惰　なまけてだらしのないこと
放漫　でたらめでしまりがないさま
浪費　無駄に使うこと

九月十五日

頭注版㊳八〇頁

爪《つめ》に火を点《とも》す式《しき》のケチな心を寛大《かんだい》な心に転《てん》ぜよ。しかも金《かね》や物を与える

爪に火を点す　ろうそくの代わりに爪に火をともすように、非常にけちな生活をするさま

のに湯水《ゆみず》を捨《す》てるような気持《きもち》で与えてはならない。金《かね》は物《もの》を象徴《しるし》として神の「生命《せいめい》」と「愛」とを心をこめておくるのだという愛と敬虔《けいけん》との心をもってしなければならぬ。金《かね》や物を贈《おく》るのに、憐《あわ》れみの感《かん》じや、慈善《じぜん》の感じや、軽蔑《けいべつ》の感じで贈ってはならない。報酬《ほうしゅう》を期待《きたい》して贈ってはならない。そのままの心で、水が唯《ただ》高きより低きに流れて、少しも高ぶらない如《ごと》き、そのままの心で愛を行《ぎょう》じなければならない。神の愛を取次《とりつ》がして頂《いただ》いているのであって、別《べつ》に他《ひと》に高ぶる必要《ひつよう》もないのである。

九月十六日

宇宙《うちゅう》には動かすべからざる法則《ほうそく》が支配《しはい》しているのである。その法則は人間《にんげん》の作った法律《ほうりつ》のように胡魔化《ごまか》したり、くぐり脱《ぬ》けたり出来《でき》ぬものであり、絶《ぜっ》対《たい》に終始一貫《しゅうしいっかん》かわらざるものであるのである。もしこの宇宙の法則の一貫不《いっかんふ》動性《どうせい》というものがなかったならば、太陽系統《たいようけいとう》は成立《なりた》たず、地球《ちきゅう》は成立《なりた》たず、

敬虔　うやまいつつしむ気持ちの深いさま

慈善　困っている人に情けや哀れみをかけて援助すること

頭注版㊳八一頁

終始一貫　始めから終わりまでずっと変わらないこと

太陽系統　銀河系に属し、太陽を中心に運行する天体の集団。地球を含む八惑星、準惑星、衛星、小惑星、彗星、流星、微粒子などで構成

人類《じんるい》の生活《せいかつ》は成立《なりた》たないということになるのである。終始一貫性《しゅうしいっかんせい》は或《あ》る意味《いみ》では純潔《じゅんけつ》の美徳《びとく》であり、或《あ》る意味では誠実《せいじつ》の美徳である。宇宙《うちゅう》は純潔と誠実との美徳によって支《ささ》えられているというも過言《かごん》ではないのである。人間《にんげん》もこの宇宙に存在《そんざい》する以上《いじょう》、誠実と純潔との美徳なければ、大宇宙《だいうちゅう》の生命《せいめい》と波《は》長《ちょう》が合わないのである。人生《じんせい》に繁昌成功《はんじょうせいこう》せんとするには純潔と誠実とが必《ひつ》要《よう》である。

九月十七日

宇宙の終始一貫《しゅうしいっかん》せる法則《ほうそく》の中《なか》には、因果応報《いんがおうほう》の法則がある。原因《げんいん》あれば必《かなら》ず結果《けっか》があるという法則である。如何《いか》に狡猾《こうかつ》に原因だけを造《つく》っておいて、結果だけを逃《のが》れようと試《こころ》みても、結果は早いか遅《おそ》いか、或《あるい》は他《た》の形態《けいたい》をもってするか、いずれにせよその人《ひと》に報《むく》いて来るのである。イエスが五《いつ》つのパンと小《ちい》さき肴《さかな》二《ふた》つとを五千人《にん》に分け与えてなお十二籃《かご》にパンの余《あま》りが残っていた

純潔　けがれがなく清らかなこと

頭注版㊳八一頁

因果応報　仏教語。前世あるいは過去の行いの善悪に応じてそれぞれの報いを受けること

狡猾　悪賢くてずるいさま

五つのパンと…という奇蹟　『新約聖書』「マタイ伝」第十四章、「マルコ伝」第六章、「ルカ伝」第九章、「ヨハネ伝」第六章に記されたイエスの起こした奇蹟

という奇蹟《きせき》が行《おこな》われたときに、何故《なぜ》そのような奇蹟があらわれたのであろうか。それは愛のゆえに分《わ》け与《あた》えたこと、そして「廃《すた》るもののなきように擘《さ》きたる余《あま》りを集めよ」というイエスの教《おし》えを実行《じっこう》したからである。無限供給《むげんきょうきゅう》を念《ねん》じさえするならば、物《もの》の余《あま》りを粗末《そまつ》にしても差支《さしつか》えないと思うのは間違《まちが》いである。

九月十八日

物は大切《たいせつ》にしなければならぬ。「物質《ぶっしつ》は無《な》い」ということは、「何《なん》にもないのだからゾンザイにしても好《よ》い」ということではない。それは「物質と見えているものも実《じつ》は物質ではない。神の生命《せいめい》、仏《ほとけ》の慈悲《じひ》があらわれているのであるから、大切にそれを拝《おが》んで使わねばならぬ」という意味《いみ》なのである。如何《いか》なる物も「神物《しんぶつ》」であり、「仏物《ぶつもつ》」であるから、廃《すた》らして捨《す》ててはならないのである。それは冥加《みょうが》にあまることであり神仏《しんぶつ》の加護《かご》の波長《はちょう》に合いかね

「廃るもののなき…」『新約聖書』「ヨハネ伝」第六章にある、パンと魚を分け与えた記述の続き。無駄にならないように残ったパンくずを集めさせた

頭注版㊳八二頁

ゾンザイ 物事を粗略に取り扱うこと

冥加にあまる 神仏の加護を過分に受けてまことにありがたい

るのである。糞尿《ふんにょう》と見えるものも、落葉《おちば》と見えるものも、一旦《いったん》用《よう》立《た》ち終《おわ》ったと見えるものも、それを保存《ほぞん》し利用厚生《りようこうせい》に役立《やくだ》たしめねばならぬ。

九月十九日

もの及《およ》び人《ひと》を役《やく》に立つように利用するということは、内在《ないざい》の神の愛を、顕《あら》在《われ》の世界《せかい》にもち来《きた》らす事《こと》である。神の愛をあらわれの世界に持ち来《きた》すことなしに、神の栄《さか》えはあらわれないのである。神の栄えがあらわれるのが、本当《ほんとう》の人間《にんげん》の繁昌《はんじょう》であるから、神の愛をあらわれの世界に持ち来《きた》しさえするならば人間は繁栄《はんえい》するほかはないのである。だから物《もの》を役に立つよう、人を役に立つよう使っていさえすれば未来《みらい》の取越《とりこ》し苦労《くろう》などは不要《ふよう》なのである。「貪欲《とんよく》」ということと、「物を大切《たいせつ》にすること」とはちがうのである。「貪《とん》欲《よく》」は自己《じこ》の本来《ほんらい》の貧《まず》しさを恐怖《きょうふ》して、無闇《むやみ》に自分《じぶん》に物を引附《ひきつ》けておきたいのである。「物を大切にする」とはその物の内在の力《ちから》を引出《ひきだ》すようにつとめ

利用厚生　『書経』の「大禹謨」「正徳利用、厚生惟和」にある言葉。物を役立たせて用い、人々の生活を豊かにすること

頭注版㊳八三頁

貪慾　欲が非常に深いこと。仏教の「十悪」の第八番目

る事《こと》である。

九月二十日

使わずに蓄《た》めておくということも或《あ》る時期《じき》に於《お》いては必要《ひつよう》である。それは種子《たね》を適当《てきとう》な種蒔《たねま》きの時期まで保存《ほぞん》するような意味《いみ》である。しかし未来《みらい》の欠乏《けつぼう》の恐怖《きょうふ》によって物《もの》に執着《しゅうじゃく》する意味での貯蓄《ちょちく》は、「欠乏」の想念《そうねん》が先《さき》になっているから、あまり感心《かんしん》しないのである。先《ま》ず神の国《くに》の無限供給《むげんきょうきゅう》を認《にん》識《しき》し、神の無限供給を讃美《さんび》し、それを生かし表現《ひょうげん》することにつとめるならば、未来も今《いま》も常《つね》に無限《むげん》の供給《きょうきゅう》に満《み》たされることになるのである。富《とみ》の固《こ》定《てい》をもって真《しん》の富と考えてはならない。固定している限《かぎ》り、それは何《なん》ら人生《じんせい》に益《えき》することは出来《でき》ないのである。富は有益《ゆうえき》に使うとき増殖《ぞうしょく》する。

頭注版㊳八三頁

九月二十一日

頭注版㊳八四頁

精神力《せいしんりょく》をみだりに分散《ぶんさん》しては、その戦力《せんりょく》を消耗《しょうこう》して大《おお》いに成功《せいこう》することは出来《でき》ないのである。一人一業《いちにんいちぎょう》はその意味《いみ》に於《お》いて成功の一《ひと》つの要素《ようそ》である。一業を志《こころざ》してそれに立向《たちむか》う以上《いじょう》は、その方面《ほうめん》にのみ心を集注《しゅうちゅう》しなければならぬ。左を顧《かえり》み、右に秋波《しゅうは》を送り、精神力を四方八方《しほうはっぽう》に分散していて、一業といえども水平線《すいへいせん》以上《いじょう》に出ることが出来ないならば、その人《ひと》が成功し得《え》ないのは当然《とうぜん》のことである。しかし、その事業《じぎょう》に関《かん》することはあらゆる方面にわたって知識《ちしき》を蒐集《しゅうしゅう》し、比較考慮《ひかくこうりょ》し、熟慮《じゅくりょ》した上《うえ》は迅速《じんそく》に断行《だんこう》することが必要《ひつよう》なのである。心に念《ねん》じて描《えが》いておけば、自分《じぶん》は何等行動《なんらこうどう》せずとも天《てん》から富《とみ》が降《ふ》って来ると考えてはならぬ。

九月二十二日

心を常《つね》に積極的《せっきょくてき》に明るく建設的《けんせつてき》にのみ使うように心懸《こころが》けよ。悲観的《ひかんてき》な暗い心を起《おこ》したときに考えついたことは常に多少《たしょう》とも破壊的《はかいてき》なものである。一

消耗　体力や気力が使い果たされたさま

集注　集めてそそぐこと。集中

秋波を送る　女性が相手の関心をひこうとして色目を使うこと

蒐集　ある品物や資料などを色々と集めること

頭注版㊳八四頁

建設的　物事を何らかの結果に結びつくように積極的に進めるさま

つの仕事《しごと》をあらゆる方面《ほうめん》から行《ゆ》きわたって考察《こうさつ》したならば、それを行動《こうどう》に移《うつ》さねばならぬ。目的《もくてき》とする事物《じぶつ》の実現《じつげん》に必要《ひつよう》だと思われる手段《しゅだん》は、時《とき》を移さず行動に移さねばならぬ。一分間遅《ぷんかんおく》れた為《ため》に汽車《きしゃ》に乗りおくれることもあり、一分間遅れたために踏切《ふみきり》で汽車に轢《ひ》かれる人《ひと》もあるのである。時を得《え》ない行動は役《やく》に立たぬばかりか、破壊的《はかいてき》なことがある。善《よ》き考えも時を失えば悪《あ》しき結果《けっか》をひき起《おこ》す。全然《ぜんぜん》「悪《あく》」というものはないのであって、時を失い、処《ところ》を得《え》ない状態《じょうたい》が「悪」である。

九月二十三日

繁栄又《はんえいまた》は成功《せいこう》を求めながら、それを成就《じょうじゅ》し得《え》ない人々《ひとびと》を二種《しゅ》に区分《くぶん》することが出来《でき》るのである。第《だい》一種《しゅ》は「働《はたら》けど働けどなおわが暮《くら》し楽《らく》にならざりじっと手を見る」という石川啄木式《いしかわたくぼくしき》の人生観《じんせいかん》をもっていて一所懸命《いっしょけんめい》に働きはするけれども、自分《じぶん》の運命《うんめい》は不幸《ふこう》に掟《おき》てられていると信じたり、心が暗くし

頭注版㊳八五頁

「働けど…」 明治四十三年刊『一握の砂』に収録。「はたらけどはたらけど猶わが生活(くらし)楽にならざりぢつと手を見る」

石川啄木 明治十九～四十五年。歌人、詩人。与謝野寛・晶子夫妻に師事。口語を交えた三行書きの短歌を詠んだ。病のため夭折した。歌集に『一握の砂』『悲しき玩具』などがある

掟てられる 強制される

て明るさがないために運命《うんめい》が好転《こうてん》しない人《ひと》たちである。第《だい》二種《しゅ》は明るい朗《ほが》らかな精神《せいしん》をもっているけれども万事《ばんじ》抛《な》げやりの性格《せいかく》をもっていて、物事《ものごと》を緻《ち》密《みつ》に計画《けいかく》せず、建設的《けんせつてき》に実行《じっこう》を運んで行《ゆ》かない人たちである。明るい精神と緻密《ちみつ》な計画と建設的に実行を運んで行《ゆ》くことが成功《せいこう》と繁栄《はんえい》とに是非《ぜひ》なくてならぬ要素《ようそ》である。

緻密　念入りで手落ちがなく、細部まで行き届いていること

九月二十四日

働《はたら》いても働いても成功しないのは、その働きの方向《ほうこう》が、間違《まちが》った方向又《また》は無駄《むだ》な方向、或《あるい》は、能率少《のうりつすくな》い方向に向《むか》っているからである。かく誤《あやま》った方向にその動きが向けられるのは、それは神の智慧《ちえ》に導《みちび》かれないからである。神の智慧《ちえ》に導かれないのは、神の心と波長《はちょう》が合わないからである。神の心と波長が合わないのは、神に祈《いの》らないからである。神に祈るということは、神の霊波《れいは》に心を振向《ふりむ》けるということであって感応《かんのう》すべき波《なみ》を選《えら》ぶ選波《せんぱ》の努力《どりょく》で

頭注版㊳八六頁

感応　心が感じとりそれに反応すること

ある。祈《いの》ってもきかれないのは、心を神に振向《ふりむ》けるけれども、信仰《しんこう》が少《すくな》いのと、明るい心がないために神の波長《はちょう》に自分《じぶん》の心が合わないからである。

九月二十五日

「夢《ゆめ》を描《えが》け」と教《おし》えられても、無駄《むだ》な空想《くうそう》に溺《おぼ》れて、その夢を右に左にふらふらさせて取《とり》とめもない事《こと》に時間《じかん》を費《つい》やせよという意味《いみ》ではないのである。かくの如《ごと》く、目標《もくひょう》も理想《りそう》もなく、進むべき中心点《ちゅうしんてん》のない夢に耽《ふけ》ることは精神《せいしん》力《りょく》の浪費《ろうひ》に過《す》ぎないのである。これに反《はん》して、一《ひと》つの目標又《また》は理想に向《むか》って精神《せいしん》を集注《しゅうちゅう》し、かくて得《え》たるヒントを建設的《けんせつてき》に組み立てて行《ゆ》く努力《どりょく》は、精神力の鍛錬《たんれん》となるのである。かくて、その人《ひと》の行動《こうどう》は正しき方向《ほうこう》に載《の》せられ、一歩《ぽ》一歩築《きず》いて行《ゆ》くとき、ついに目標に到達《とうたつ》することが出来《でき》るのである。一歩を歩まないものは百歩先《ぽさき》を見ることが出来ないのである。遠くが見えなくとも歩いて行《ゆ》けば判《わか》る。

頭注版㊳八六頁

取とめもない それと定めた目的もない

耽る 溺れる。没頭する

鍛錬 訓練を積んできたえること

九月二十六日

本当《ほんとう》の成功《せいこう》は、富《とみ》を得《う》ることでも、商売《しょうばい》の繁昌《はんじょう》でもないのである。本当の成功はその人《ひと》の人格《じんかく》の完成《かんせい》——心霊学的《しんれいがくてき》にいえば、魂《たましい》の向上《こうじょう》である。商売の損益《そんえき》や、事業《じぎょう》の成否《せいひ》の如《ごと》きは人生航路上《じんせいこうろじょう》の遊戯《ゆうぎ》に過《す》ぎないのである。勝つも負けるも一場《じょう》の遊戯に過ぎない。ただその遊戯の上で、人間《にんげん》は性格《せいかく》を形造《かたちづく》り、人格をより完成せしめ、魂《たましい》を向上させるのである。商売上《しょうばいじょう》の利《り》益《えき》も、財産《ざいさん》の増殖《ぞうしょく》も築《きず》き上《あ》げた事業も、何一《なにひと》つそれらは真《しん》の意味《いみ》に於《お》いてその人の獲得《かくとく》ではないのである。真の意味に於《お》ける獲得は、肉体《にくたい》が死するときにも持って行《ゆ》けるものでなければならないのである。魂《たましい》の向上、性格の強さや円満《えんまん》、これこそが唯一《ゆいいつ》の獲得である。

頭注版㊳八七頁

心霊学　肉体の死後にも存在するとされる霊魂の現象などについて研究する学問

一場　演説・講演など、話のひとまとまりを言う語

九月二十七日

吾々《われわれ》は自分《じぶん》が与えられた環境《かんきょう》、又《また》は境遇《きょうぐう》から逃《に》げ出《だ》そうと考えてはならないのである。環境、境遇に於《お》いてあらわれて来る諸々《もろもろ》の出来事《できごと》は、自己《じこ》の人格《じんかく》を鍛錬《たんれん》し、性格《せいかく》を築《きず》き上《あ》げ、魂《たましい》を向上《こうじょう》させるための学科《がっか》であるのである。もし吾々《われわれ》がそれから逃げ出すことによって安易《あんい》を求めるならば、その人《ひと》は決《けっ》して人格を鍛錬する事《こと》は出来《でき》ないし、強き性格を築き上げることは出来ないし、魂《たましい》を向上させることは出来ないのである。吾々《われわれ》は与えられた環境又《また》は境遇と取組《とりく》んで、それを征服《せいふく》し得《え》たときにのみ強き性格を築き上げ、魂《たましい》を向上させることが出来るのである。これは決して受難《じゅなん》を礼讃《らいさん》する意味《いみ》ではない。吾々《われわれ》は「難《なん》」をも「楽《らく》」をも共《とも》に克服《こくふく》し得《う》る人とならねばならぬのである。

頭注版㊳八七頁

受難を礼讃　イエス・キリストと同じ精神的および肉体的な苦痛を体験すること。キリスト教徒にとっては、純粋で深い信仰心の証とされた

九月二十八日

この世界《せかい》は不幸《ふこう》又《また》は苦難《くなん》の連続《れんぞく》だと考える人《ひと》があるけれども、決《けっ》してこの世界は不幸や苦難の連続ではないのである。魂《たましい》の向上《こうじょう》のために与えられた体験《たいけん》を避《さ》けようと思うときにのみ、それは不幸と感《かん》じられ、苦難と思われるのである。困難《こんなん》を邀《むか》え撃《う》つ態度《たいど》にかわるとき、それは悦《よろこ》んで上級学校《じょうきゅうがっこう》の科目《かもく》を教《おし》えられる喜《よろこ》びに変《かわ》るのである。体験を通《とお》して、魂《たましい》は何事《なにごと》かを獲得《かくとく》する、それは釣《つ》り竿《ざお》に魚《さかな》のかかったときのようなスリルであり、猟師《りょうし》が獲物《えもの》を得《え》たときのような喜びを感得《かんとく》することが出来《でき》るのである。人生《じんせい》の行路《こうろ》を嶮《けわ》しいといって歎《なげ》いてはならない。それをハイキングの喜びやスキーの楽《たの》しみにかえるものはそれを受ける者《もの》の心の態度《たいど》である。

頭注版㊳八八頁

感得　感じ取ること

九月二十九日

自己《じこ》の性格《せいかく》（内部《ないぶ》の精神《せいしん》波動《はどう》のレコード又《また》はフィルム）が原因《げんいん》であり、その人《ひと》の周囲《しゅうい》にあらわれる出来事《できごと》や境遇《きょうぐう》は、その性格の反影《かげ》である。原因は性格、結果《けっか》が境遇である。境遇を自分《じぶん》の性格が鏡《かがみ》に映《うつ》った映像《えいぞう》であると観《み》れば間違《まちが》いはない。あなたが自分《じぶん》の住んでいる境遇が面白《おもしろ》くないならば、「ああこれは私の性格が鏡に映っているのだな」と考えて、性格を変《か》えるようにすれば好《よ》いのである。鏡に映っている影《かげ》を醜《みにく》いと思って嫌悪《けんお》するよりも、自分《じぶん》自身《じしん》の性格の欠点《けってん》を直《なお》すようにつとめれば好《よ》いのである。例《たと》えば自分の環《かん》境《きょう》が自分に苛辣《からつ》であるならば自分自身の性格が、苛辣《からつ》であって気が短かく、人を容《い》れる寛大《かんだい》さがないからだと悟《さと》って、先《ま》ず自分自身を寛容《かんよう》にすれば好《よ》い。

頭注版㊳八九頁

精神波動　一人の精神の状態が周囲に伝わる現象

レコード　音声を記録した円盤。コンパクトディスク（ＣＤ）が普及するまで広く使われた

苛辣　厳しくはげしいさま

九月三十日

鏡《かがみ》に不完全《ふかんぜん》な姿《すがた》が映《うつ》っているのを、鏡そのものに欠点《けってん》があるのだと思って、鏡をいくら取換《とりか》えてみても、自分《じぶん》の通《とお》りの醜《みにく》い姿が映るのである。鏡が悪いのだと思って鏡をこわしてしまったら、ひびの入《はい》った鏡の破片《はへん》には尚《なお》不完全な姿が映る。結局《けっきょく》、自分自身《じぶんじしん》が変化《へんか》するよりほかに鏡に映る姿をよくする方法《ほうほう》はないのである。結局、環境《かんきょう》も境遇《きょうぐう》も、自分の欠点を指示《しじ》してくれる学科《がっか》であるのだから、その学科から逃《に》げ出《だ》そうと思っては駄目《だめ》である。自分の性格を変化せよ。商売《しょうばい》も繁昌《はんじょう》し、事業《じぎょう》も成功《せいこう》し、人《ひと》からも好《す》かれ、尊《とうと》ばれるのである。性格の種《たね》を蒔《ま》けば、環境として刈《か》り取《と》るのである。

頭注版㊳八九頁

十月

円満具足
（えんまんぐそく）

十月一日

すべての事物《じぶつ》は、心の想《おも》うことによって存在《そんざい》に入《はい》ったのである。神が心に星辰《せいしん》を想い、天体《てんたい》を想うことによって、諸々《もろもろ》の星辰天体《せいしんてんたい》が生《しょう》じたようにである。吾々《われわれ》の周囲《しゅうい》の事物は吾々《われわれ》が心に想うことによって存在に入ったのである。そうすれば自分《じぶん》の好《この》まない事物を心に想わないようにしなければならない。「想うもの」が出て来るのであるから、敵《てき》を想えば敵が出て来る。戦争《せんそう》を想えば戦争が出て来る。病気《びょうき》を恐《おそ》れて、心に警戒《けいかい》すればするほど病気にかかるのである。ということは予防的《よぼうてき》なことを一切《いっさい》するなという意味《いみ》ではない。戸閉《とじま》りをしないで徹夜《てつや》で泥棒《どろぼう》を恐れているよりも、戸締《とじま》りをして泥棒を思わないで眠《ねむ》る方《ほう》が好《よ》い。

円満具足（前頁）すべてのものが備わって、少しの不足もないこと

頭注版㊳九二頁

星辰　ほし。星座

十月二日

頭注版㊳九二頁

過去《かこ》の経験《けいけん》によって自分自身《じぶんじしん》の将来《しょうらい》を縛《しば》ってはならないのである。例《たと》えば過去に身体《からだ》が虚弱《きょじゃく》であったからとて、今後《こんご》も虚弱であるに相異《そうい》ないと考える必要《ひつよう》はないのである。過去の人間《にんげん》が全《すべ》て百歳以下《さいいか》で死んだからとて、今後の人間も百歳以下で死するものと考えてはならないのである。生命《せいめい》は無限《むげん》であり、同じものは一《ひと》つもないのである。大生命《だいせいめい》は一つ一つの生命《せいめい》としてあらわれる毎《ごと》に新《あら》たなる創造《そうぞう》を成《な》しつつあるのである。過去に縛られるということは業《ごう》に縛られるということである。業《ごう》に縛られるのは、自分の心が業《ごう》に捉《とら》えられるからである。端坐《たんざ》して実相《じっそう》を観《かん》ずるとき一切《いっさい》の業障《ごっしょう》は消えるのである。神想観《しんそうかん》を励《はげ》め。

十月三日

業《ごう》が業《ごう》として人間を縛るのは、心で業《ごう》をつかむからである。もっともその「心」というのは現在意識《げんざいいしき》ばかりではない。人類意識《じんるいいしき》の通念《つうねん》（共通《きょうつう》の観念《かんねん》）

端坐　姿勢を正してすわること
業障　悪業によって生じたさわり
神想観　著者が啓示によって得た坐禅に似た観法。本全集第十四、十五巻「観行篇　神想観実修本義」参照
頭注版㊳九三頁

の中《なか》にあって動かされている個人《こじん》の心は、無意識《むいしき》のうちに業《ごう》をつかんでいるのであって、過去《かこ》の波動《はどう》をつかんで、それを実在《じつざい》の如《ごと》く見るのはちょうど映《えい》画《が》において過去にロケーションしてフィルムに描《えが》いた光《ひかり》の波動が、ずっと後《あと》になって映画館《えいがかん》で実在の如《ごと》く映写《えいしゃ》されて見えるのと同じことである。斯《か》くしてありもしない存在《そんざい》、ただの映像《えいぞう》に過《す》ぎないものを実在するが如《ごと》く見るのである。かくして、貧乏《びんぼう》や、病気《びょうき》や、色々《いろいろ》の不幸災禍《ふこうさいか》を見るのである。吾々《われわれ》はそのような不完全《ふかんぜん》な姿《すがた》を非実在《ひじつざい》と否定《ひてい》しなければならない。

十月四日

多勢《おおぜい》に同時《どうじ》に見えるからとて必《かなら》ずしも実在《ほんとにある》ではない。映画《えいが》の中《なか》の人物《じんぶつ》は多勢《おおぜい》の観客《かんきゃく》に同時に見えるからとて、それは実在《ほんとにある》ではなくてただ光の波《なみ》に過ぎないと同じように、病気も病菌《びょうきん》も、それは多勢《おおぜい》に見え、光学的《こうがくてき》に見えるけれども実在《じつざい》ではないのである。それは心の波が「時間《じかん》・空間《くうかん》」という

波動　状態の変化が波のように次第に伝わっていく現象

ロケーション　location　野外撮影をすること。また、場面設定をすること

災禍　天災などによるわざわい。思いがけない災難

頭注版㊳九三頁

光学　光の現象や性質を研究する学問

「認識《にんしき》の形式《けいしき》」の上に投影《とうえい》されたる影《かげ》である。「認識の形式」というのは、人間《にんげん》の心の中《なか》につくられている映写幕《えいしゃまく》のようなものである。見えるということと、「実在《じつざい》する」（本当《ほんとう》にある）ということとは別《べつ》である。吾々《われわれ》が病気《びょうき》や貧《びん》乏《ぼう》の精神波動《せいしんはどう》をロケーションしなければそんな姿《すがた》はあらわれない。

十月五日

見える世界《せかい》に不幸《ふこう》や病気が起《おこ》ったからとて、それをそのまま実在《じつざい》だと思い、心に描《えが》けば描《えが》くほど、その映画《えいが》のフィルムの複製《ふくせい》を幾本《いくほん》も新《あら》たにつくって映写《えいしゃ》することになるから、その不幸や病気は治《なお》らないのである。映画の世界（眼《め》に見える世界）に不幸を映《うつ》して見ることが嫌《きら》いならば、フィルムの世界（心の波《なみ》で作る原画《げんが》の世界）に於《お》ける原画を訂正《ていせい》しなければならないのである。現象界《げんしょうかい》は結果《けっか》であって、原因ではないのである。原因の表現《ひょうげん》が結果である。だから結果であるところの不幸や病気を根絶《こんぜつ》しようと思うならば、原

映写幕　銀幕。スクリーン

頭注版㊳九四頁

原画　写したり複製したりする時のもとの絵

根絶　根本からすっかりなくしてしまうこと

因であるところの心の波《なみ》で描《えが》く原画《げんが》を変更《へんこう》しなければならない。心の波で不《ふ》幸《こう》や貧乏《びんぼう》や病気《びょうき》を描《えが》くな。

十月六日

外界《がいかい》(現象界《げんしょうかい》)に不幸や混乱状態《こんらんじょうたい》が起《おこ》るならば、必《かなら》ずそれと同じような混乱状態が内界《ないかい》に起《おこ》っているのである。内界とは心の世界《せかい》である。心の世界のあらわれが外界である。さて、外界に不幸や混乱状態があらわれて来たならば、ただ内界を変化《へんか》するようにつとめさえすれば、現象界はほっておいても好《よ》いという意味《いみ》ではない。現象界の処理《しょり》の仕方《しかた》(外界)も、内界の心の持ち方で変《かわ》って来るのであるから、先《ま》ず心の持ち方を正しくして、その正しい心の持ち方から自然《しぜん》に催《もよお》して来る「現象界の処理の仕方」を実行《じっこう》することによって、正しい処置《しょち》が自然にとれて、不幸や、不完全《ふかんぜん》や、病気がおのずから消えてしまうのである。

頭注版㊳九五頁

十月七日

吾々《われわれ》は瞑想《めいそう》に於《お》いて、又《また》は神想観《しんそうかん》に於《お》いて、決《けっ》して現象《げんしょう》の不完全《ふかんぜん》さと取《と》組《く》んではならないのである。神想観《しんそうかん》はただ神のみを想《おも》い、神のみを観《み》るのである。それは往相精進《おうそうしょうじん》の行《ぎょう》である。それは上《うえ》に向《むか》って進む。しかし神想観《しんそうかん》によって得《え》たる真智《しんち》により、現象界《げんしょうかい》に向下《こうげ》して方便智《ほうべんち》自在《じざい》に現象界を処理《しょり》するのである。神想観中《しんそうかんちゅう》、完全円満《かんぜんえんまん》な相《すがた》を観《かん》ずるが、その後《ご》に起《おこ》る事件《じけん》の処理中《しょりちゅう》には（病気《びょうき》ならば恢復《かいふく》の過程《かてい》に於《お》いて）悪化《あっか》と見える出来事《できごと》が起《おこ》って来るかも知れないのである。これを「迷《まよ》いの自壊作用《じかいさよう》」と名づける。このような自壊作用に面《めん》するとき、吾々《われわれ》はイエスと共《とも》に「悲しめる者《もの》は幸《さいわ》いなるかな、彼等《かれら》は必《かなら》ずや慰《なぐさ》められん。神は如何《いか》なる混乱《こんらん》の中《なか》からも調和《ちょうわ》を齎《もたら》し給《たま》うのである」と念《ねん》ずるが好《よ》いのである。

頭注版㊳九五頁

瞑想　目を閉じて心静かに深く考えること

往相精進の行　仏教語。一切衆生に功徳を施して共に浄土に往生できるよう願って修行をすること

向下　智慧の大悲のはたらきが上から下に、利他救済に向かうこと

方便智　衆生を導くために便宜的に用いる神仏の智慧

自壊作用　外部からの力によらず、内部から自然に壊れるはたらき

「悲しめる者は…」　『新約聖書』「マタイ伝」第五章「山上の垂訓」四節に基づいた祈りの言葉

十月八日

善《よ》き事《こと》のみを語り、善《よ》き事のみを考える習慣《しゅうかん》をつけなければならない。自分《じぶん》の嫌《きら》いな事、望《のぞ》ましくない事を語ってはならないし、思ってもならない。言葉は想念《そうねん》と同様《どうよう》に強力《きょうりょく》なる具象化《かたちにあらわす》の力《ちから》を持っているのである。吾々《われわれ》は自己《じこ》の運命《うんめい》ラジオのアナウンサーである。吾々自身《われわれじしん》が言葉に発《はっ》する通《とお》りに現象世界《げんしょうせかい》があらわれて来るのである。だから常《つね》に自己の欲《ほっ》する事を、希望《きぼう》することをあたかも既《すで》に実現《じつげん》せるが如《ごと》く想念し言葉に出すようにつとめなければならない。そして言葉に出す場合《ばあい》にそれを信じて出すことが必要《ひつよう》である。善《よ》き言葉が却《かえ》って実現《じつげん》しないように見えるのは、悪い事をいう時《とき》に却《かえ》って信じながら話すからである。

頭注版㊳九六頁

あたかも　まるで

十月九日

頭注版㊳九七頁

眼《め》を瞑《つむ》って、瞑想《めいそう》せよ。「人間《にんげん》は何《なん》であるか。人間は物質《ぶっしつ》でない。肉体《にくたい》ではない。霊《れい》である。霊《れい》は金剛不壊《こんごうふえ》である。だから黴菌《ばいきん》に侵《おか》されることはない。気候風土《きこうふうど》の変化《へんか》によって病気《びょうき》になることはない。霊《れい》は神通自在《じんづうじざい》であるから、決《けっ》して不幸《ふこう》に陥《おちい》ったり、貧乏《びんぼう》になったりすることはないのである。」しずかにこう念《ねん》じて不幸を見るな。幸福《こうふく》のみを見よ。病気を否定《ひてい》せよ。貧乏を否定せよ。健康《けんこう》のみを見よ。富裕《ふゆう》のみをみよ。心の世界《せかい》に、幸福のみによって輝《かがや》く世界を、健康と富裕とに祝福《しゅくふく》されたる自分《じぶん》の姿《すがた》を見詰《みつ》めるのである。これを毎日数十分《まいにちすうぷん》ずつ続けよ。

十月十日

祈《いの》る場合《ばあい》に、先《ま》ずその祈り求めるものが、正しいかどうかを省《かえり》みよ。正しいという事《こと》を窮屈《きゅうくつ》な意味《いみ》にとってはならない。（一）その求めるものは建設的《けんせつてき》なことであるか。破壊的《はかいてき》なことは正しい願《ねが》いではない。（二）誰《たれ》か

金剛不壊　「金剛」はダイヤモンド。非常に堅固でどんなものにも壊されないこと

神通自在　何事でも自由自在になること

富裕　財産に富んで生活がゆたかなこと

頭注版㊳九七頁

を豊《ゆた》かにすることであるか。（誰《たれ》かを乏《とぼ》しくならせることは正しい願《ねが》いではない）（三）誰《たれ》かを不幸《ふこう》に陥《おとしい》れたり、損失《そんしつ》を与えたりするものではないか。（四）この世《よ》に混乱《こんらん》を起《おこ》したり、誰《たれ》かの感情《かんじょう》を掻《か》き乱《みだ》したりするものではないか。これらの自己反省《じこはんせい》をしてみて、それのテストに及第《きゅうだい》するものであれば、祈《いの》って好《よ》いのである。そしてその祈りの言葉は、宇宙的《うちゅうてき》な創造力《そうぞうりょく》によってバックされ実現《じつげん》の途上《とじょう》にあると信じて好《よ》いのである。

十月十一日

実相《じっそう》は最大《さいだい》の力《ちから》である。それは「実《じつ》」であるから、如何《いか》なる「虚《きょ》」の力もこれに対抗《たいこう》することは出来《でき》ないのである。一《ひと》つの「実相」の想《おも》いは百万《まん》の「虚《きょ》」の想いを打消《うちけ》す力があるのである。吾々《われわれ》はどんな不幸が眼《め》の前《まえ》にあらわれて来ても、それを「実《じつ》」と見ないで「虚《きょ》」であると見るのである。吾々《われわれ》は見せかけの外貌《がいぼう》を越《こ》えてそこに「実《じつ》」にある「完全《かんぜん》さ」を見なければなら

及第　試験などに合格すること

バックする　背後から支えること。うしろだてとなって助けること

頭注版㊳九八頁

虚　うそ。いつわり

外貌　顔かたち。みかけ

ない。暗《やみ》はどんなに深くとも、それは「虚《きょ》」であり、ニセモノであるから光《ひかり》には対抗《たいこう》することが出来《でき》ない。悪《あく》は如何《いか》に姿《すがた》をあらわしても、それは「虚《きょ》」でありニセモノであるから、善《ぜん》には対抗することが出来ない。善《ぜん》のみ実在《じつざい》することを信ぜよ。それを言葉に出して語れ。悪を言葉で否定《ひてい》せよ。

十月十二日

宇宙《うちゅう》には無限《むげん》の癒《いや》す力《ちから》が充《み》ち満《み》ちているのである。祈《いの》りと思念《しねん》とはその無限の癒《いや》す力に接触《せっしょく》する道《みち》である。どんなに砂塵《さじん》や煤烟《ばいえん》が濛々《もうもう》と立《た》ち騰《のぼ》ってもしばらくのうちに空気《くうき》が澄《す》み切《き》って行《ゆ》く力、どんなに土砂降《どしゃぶ》りで泥《どろ》や塵芥《じんかい》が海中《かいちゅう》に押し流されても、それを浄《きよ》らかな澄み切った海水《かいすい》に変化《へんか》する力、皮膚《ひふ》や筋肉《きんにく》に負傷《ふしょう》しても下からそれを再生《さいせい》する不可思議《ふかしぎ》な自療力《じりょうりょく》——考えれば宇宙には到《いた》るところに自療力《みずからなおすちから》が充《み》ち満《み》ちているのである。しかし皮膚や筋肉や内臓《ないぞう》に故障《こしょう》が起《おこ》ってもそれを自療《じりょう》して行《ゆ》く力の起《おこ》る人《ひと》と起《おこ》らない

頭注版㊳九八頁

砂塵　すなぼこり。すなけむり

煤烟　石炭を燃やした時に出るすすと煙

自療力　自ら怪我や病気を治す力

人《ひと》とがあるのは何故《なぜ》であろうか。それは宇宙《うちゅう》の大自療力《だいじりょうりょく》をみずから認《みと》めないで拒《こば》んでいるからである。

十月十三日

祈《いの》りと思念《しねん》は宇宙の大自療力《だいじりょうりょく》に触《ふ》れるところの道《みち》である。しかし祈っても思念しても治《なお》らない人《ひと》もあるのは何故《なぜ》であろうか。祈りは決《けっ》して口先《くちさき》だけの業《わざ》ではないのである。それは精神《せいしん》を昂揚《こうよう》したる状態《じょうたい》であり、信仰《しんこう》の高調《こうちょう》したる状態であり、ハッキリと神の恵《めぐ》みを確認《かくにん》したる状態であり、健全《けんぜん》なる想念《そうねん》の持続《じぞく》したる状態であり、悪《あく》の存在《そんざい》を全的《ぜんてき》に否認《ひにん》して、神の存在のみを全的に承認《しょうにん》したる状態であるからである。だからこの精神状態《せいしんじょうたい》に達《たっ》し得《え》ない祈りや思念に於《お》いては、必《かなら》ずしも完全な効果を挙《あ》げることが出来《でき》ないのである。キリストが「もし芥子種《からしだね》ほどの信《しん》だにあればこの山に動いて海に入《い》れというと雖《いえど》も必ず成《な》らん」といった所以《ゆえん》である。

頭注版㊳九九頁

昂揚 精神や士気などが高まること

高調 思想や感情などが高まること。高潮

「もし芥子種ほどの信だに…」 『新約聖書』「マタイ伝」第十七章二十節にあるキリストの言葉

所以 理由。いわれ

十月十四日

ラジオが鳴り出すのは、ラジオ・セットそのものの中《なか》の機構《きこう》の調節《ちょうせつ》によるが如《ごと》く、祈《いの》りが効果《こうか》をあらわすのも、自分《じぶん》の心の調子《ちょうし》の調節如何《ちょうせついかん》にあるのである。吾々《われわれ》がラジオ・セットの調節を誤《あやま》って、ラジオが鳴り出さない時《とき》にも、放送局《ほうそうきょく》の放送《ほうそう》はプログラムの通《とお》りにあると同じように、吾々《われわれ》が心の調節を誤って、神の恵《めぐ》みが現実世界《げんじつせかい》にあらわれて来ない時にも、依然《いぜん》として神の恵みは、宇宙《うちゅう》に充《み》つることあたかもラジオ波《なみ》のようにである。祈らないでも神の恵みは充ち満《み》ちているが、本当《ほんとう》に祈りによってその心境《しんきょう》になったとき現実世界《げんじつせかい》に、その恵みがテレビジョン化《か》して現《あらわ》れて来るのである。

頭注版㊳一〇〇頁

十月十五日

自己《じこ》のみが自己を縛《しば》るのであって、他物《たぶつ》や外物《がいぶつ》は自己を縛ることが出来《でき》な

頭注版㊳一〇〇頁

いのである。自分《じぶん》の想念《そうねん》が癒《い》やされるまでは、人間《にんげん》は永続的《えいぞくてき》な健康《けんこう》を得《う》ることは出来《でき》ないのである。無論一時的《むろんいちじてき》な元気恢復《げんきかいふく》や、一時的の健康は、覚醒剤《かくせいざい》や興奮剤《こうふんざい》や刺戟剤《しげきざい》によっても得《え》られる。しかしそれは結局不自然《けっきょくふしぜん》の刺戟《しげき》であるがゆえに、薬用《やくよう》の持続《じぞく》は漸次効果《ぜんじこうか》がうすれて来るし、ついにはその反対《はんたい》効果《こうか》をあらわして来て、薬《くすり》がなければ苦痛《くつう》な状態《じょうたい》になって来るのである。それは全《まった》く、苦痛からの解放《かいほう》ではなくて、薬剤《やくざい》の奴隷状態《どれいじょうたい》となってしまうのである。真《しん》に人間が苦痛から解放される為《ため》には、人間は奴隷状態から脱《だっ》して、自己《じこ》が自己の主人公《しゅじんこう》とならねばならぬ。

十月十六日

人《ひと》を指導《しどう》する場合《ばあい》に、吾々《われわれ》は相手《あいて》の精神状態《せいしんじょうたい》を回復《かいふく》せしめた程度《ていど》に従《したが》って、彼《かれ》の肉体《にくたい》の状態を回復せしめることが出来るのである。英語《えいご》の回復即《すなわ》ちRecoveryは「取りもどす」と同じ字である。「真実《しんじつ》の自己」を取《と》り戻《もど》した程

漸次　だんだん。しだいに

頭注版㊳一〇一頁

度に従《したが》って人間《にんげん》は自己本来《じこほんらい》の「自由《じゆう》」を回復《かいふく》し、自己本来の「自由」を回復した程度《ていど》に従って「健康《けんこう》」も「財福《ざいふく》」もおのずから得《え》られるのである。本来《ほんらい》完全円満万徳具有《かんぜんえんまんまんばんとくぐゆう》の「真実《しんじつ》の完全自己《かんぜんじこ》」を諦視《ていし》せよ。「真実の完全自己」を想念《そうねん》せよ。「真実の完全自己」のみを常《つね》に語れ。心の中《なか》に、想念の中《なか》に、言葉の中《なか》に「真実の完全自己」を再発見《さいはっけん》した時《とき》にのみ、本当《ほんとう》に完全なる自己があらわれるのである。

十月十七日

ともかくも自己を深く掘《ほ》り下《さ》げて行《ゆ》くことが第《だい》一条件《じょうけん》である。

自己を掘り下げない者《もの》は表面《ひょうめん》の力《ちから》しか使うことが出来《でき》ない。或《あるい》は良《よ》き野《や》菜《さい》をつくり、或《あるい》は実《みの》りの多き稲《いね》を作るにも土壌《どじょう》を深耕《しんこう》しなければならない。深く掘る程予想《ほどよそう》しなかった宝《たから》が掘り出されてくるのである。自己を掘り下げる目前《もくぜん》の目的《もくてき》が何《なん》であるかは問うところではない。吾々《われわれ》は唯飲料水《ただいんりょうすい》を得《う》る

財福　富に恵まれること

具有　性質や才能、資格などをそなえ持つこと

諦視　じっと見つめること。見極めること。諦観

頭注版㊳一〇一頁

深耕　深く耕すこと

ためにだけ土を深く掘《ほ》り下《さ》げるのでもよい。目前《もくぜん》の目的《もくてき》は何《なん》であろうとも愈々《いよいよ》深く掘り下げて行《ゆ》くならば必《かなら》ず予想外《よそうがい》の尊《とうと》いものが発見《はっけん》される。唯飲《ただいん》料《りょう》だけを求めていただけのものにも石炭《せきたん》が見出《みいだ》され、金銀《きんぎん》が見出《みいだ》され、ラジウムが見出《みいだ》され、そのほか地下《ちか》のあらゆる稀鉱物《きこうぶつ》が見出《みいだ》されるであろう。何故《なぜ》なら地下は無尽蔵《むじんぞう》の鉱物《こうぶつ》の宝庫《ほうこ》であるからである。

人間《にんげん》もまたかくの如《ごと》きものである。表面《ひょうめん》にあらわれている力《ちから》だけに満足《まんぞく》する者《もの》は自己《じこ》の内《うち》に唯《ただ》それだけの値打《ねうち》しか発見することが出来《でき》ないが、今《いま》を、そして自己を掘り下げる者は、今の掘り下げている目的《もくてき》以上《いじょう》のものを掘り当てることになるのである。何《なに》よりも全力《ぜんりょく》を出して自己を掘り下げて行《ゆ》くことが肝要《かんよう》である。最後《さいご》に何《なに》を見出《みいだ》すかは、その詳細《しょうさい》を予想《よそう》する必要《ひつよう》はない。今目的として掘りつつあるところのそれ以上《いじょう》に価値《かち》あるものが必ず発見される事《こと》だけは信じて好《よ》い。何故《なぜ》なら、自己の内《うち》にては、地下の鉱脈《こうみゃく》よりも無限《むげん》に豊富《ほうふ》なる無尽蔵《むじんぞう》の秘庫《ひこ》（即《すなわ》ち神性《しんせい》）が埋蔵《まいぞう》されているからであ

ラジウム　放射性元素の一つ。キュリー夫妻によってウラン鉱石から発見された
稀鉱物　埋蔵量がごく少ない鉱物
無尽蔵　いくら取っても尽きないこと
肝要　非常に大切なこと
鉱脈　鉱物資源が集まった地下層
秘庫　秘められた庫（くら）
神性　神の子である本性

る。

十月十八日

肉の我《われ》は「本当《ほんとう》の我《われ》」がここにある象徴《しょうちょう》である。「これ」と眼《め》に視《み》える事物《じぶつ》を指《ゆびさ》すとき、本当は、その奥《おく》にある「眼《め》に視《み》えない本物《ほんもの》」を指《ゆびさ》したのである。

一個《こ》の指《ゆびさ》されたる柿《かき》の果《み》は滅《ほろ》びるのである。しかし、本当の柿は永遠《えいえん》に滅びることなきが故《ゆえ》に、毎年《まいねん》また、機縁《きえん》熟《じゅく》すれば姿《すがた》をあらわすのである。眼《め》に見える柿は本当の柿ではなく、柿の指標《しひょう》である。本当の柿は「理念《いのち》」である。いのちに触《ふ》れたものでないといのちは判《わか》らない。

頭注版㊳一〇三頁

機縁　きっかけ。縁

指標　物事を指し示す目じるしとなるもの

十月十九日

実在《じつざい》は「全一《ぜんいつ》」である。「全一《ぜんいつ》」は表現《ひょうげん》せられ得《え》ない。「全一《ぜんいつ》」は一度《ど》に

頭注版㊳一〇三頁

全一　完全に一つにまとまっていること

知覚《ちかく》せられ得《え》ない。そのことは吾々《われわれ》の記憶内容全体《きおくないようぜんたい》のようにである。吾々《われわれ》は生《うま》れてから色《いろ》いろの機会《きかい》に無数《むすう》に触《ふ》れ、見《み》、聞き、経験《けいけん》した事柄《ことがら》を記憶《きおく》しているのであるけれども、その全体《ぜんたい》が一度《ど》に記憶の表面《ひょうめん》に浮《うか》び上《あが》って来ないのは、「全一《ぜんいつ》」なるものは、無数の相《すがた》が超時空的《ちょうじくうてき》な世界《せかい》に重なり合っているから、知覚することが出来《でき》ない為《ため》である。それを記憶心象《きおくしんしょう》として脳髄《のうずい》の知覚面《ちかくめん》に浮《うか》び上《あが》らせ得《う》るには、「全一《ぜんいつ》」の中《なか》から、必要《ひつよう》でないものを残し置いて、「今《いま》」必要なものだけを、空間的表象面《くうかんてきひょうしょうめん》に浮《うか》び上《あが》らせなければならぬ。それと同じく、「全一《ぜんいつ》」なる実在《じつざい》が、それが知覚し得《う》るように表現《ひょうげん》せられるためには、「全一《ぜんいつ》」の中《なか》から或《あ》る物《もの》を呼び出して来て、他《た》を「全一《ぜんいつ》」の中《なか》に残しておかなければならぬ。表現はコトバであり、コトバは呼《よ》び出《だ》しであるのはこのためである。吾々《われわれ》は善《よ》きコトバの力《ちから》によって善《よ》き物を創造《そうぞう》することが出来るのである。

心象 見たり聞いたりした経験からよび起こされるイメージ

表象 外面に現れた姿や形。象徴

十月二十日

善《よ》き言葉は実在《じつざい》の中《なか》から飛び出して来た言葉である。いわば、「神」の国《こく》策線《さくせん》に沿《そ》うコトバである。悪《あ》しき言葉は本来虚《ほんらいきょ》のコトバである。神策《しんさく》に沿わぬコトバである。虚《きょ》のコトバから発生《はっせい》したものは本来《ほんらい》が虚《きょ》であるからあるように見えても存在《そんざい》せぬ。そういう現象《げんしょう》を偽象《ぎしょう》又《また》は虚象《きょしょう》という。

善《よ》き言葉であらわれた現象は、実在の延長《えんちょう》であるから真象《しんしょう》というのである。

真象《しんしょう》は神御自身《かみごじしん》のコトバの延長であるから、神の嘉《よみ》したまうところである。神は表現《ひょうげん》を求めていられるのである。真象《しんしょう》は神の表現であり、神の発《はっ》展《てん》であり、み心の天になるが如《ごと》く地に成《な》ることである。真象《しんしょう》は神の稜威《みいつ》の降臨《こうりん》である。理念《りねん》の表現である。

現象にも真象《しんしょう》と偽象《ぎしょう》とがあることを知らねばならぬ。「現象なし」と断《た》ち

頭注版㊳一〇四頁

国策線　国家の政策の方針。ここでは、神のお考えの例え
神策　神のおはからい
偽象　にせものの現象
虚象　「偽象」に同じ
真象　物事の本当のかたち
嘉する　よしとしてほめたたえる
稜威　御威光
降臨　あまくだること

切《き》る場合《ばあい》は「偽象《ぎしょう》」なしの意味《いみ》である。「神の心動《うご》き出《い》でて言《ことば》となれば一切《いっさい》の現象展開《てんかい》して万物成《ばんぶつな》る」という場合の「現象」は真象《しんしょう》である。

頭注版㊳一〇五頁

十月二十一日

真《しん》に存在《そんざい》するものは、すべて「神」によってつくられたのである。「神」はいのちであるから、すべての物《もの》はいのちを有《も》っている。神は「自覚《じかく》」であるから、すべての物は「自覚」を有《も》っている。それを吾等《われら》は気附《きづ》かなかったのである。机《つくえ》には自覚がないと思ってお礼《れい》をいわなかったし、蒲団《ふとん》も、椅子《いす》も、書籍《しょせき》も、ペンも、鉛筆《えんぴつ》も、茶碗《ちゃわん》も、大根《だいこん》も、……すべて自覚がないと思ってお礼をいわなかったのである。それどころか、人間《にんげん》にさえも自覚がないもののようにお礼をいわない人《ひと》がある。尤《もっと》も面《めん》と向《む》い合《あ》ってはお礼をいわない人はないようだが、それはその人の「自覚」即《すなわ》ち覚体《かくたい》に対《たい》してお礼をいっているのではなく、五官《ごかん》に対してお礼をいっているのである。だから五官に

覚体 仏教語。ありのままの本性。そのもの自身

五官 外界の事物を感じ取る五つの感覚器官。目・耳・鼻・舌・皮膚

見えない処《ところ》では悪口《あっこう》をいう。こんな人間《にんげん》は『生長《せいちょう》の家《いえ》』誌《し》の読者《とくしゃ》であっても、生長の家の家族《かぞく》ではない。人間を覚体《かくたい》として認《みと》める人《ひと》は、五官《ごかん》に見えないところからでもお礼《れい》をいい、見えないところからでも拝《おが》めるのである。

十月二十二日

岩も、木も、石も、煉瓦《れんが》も、水も、火も悉《ことごと》く覚体《かくたい》である。すべてのものに仏《ほとけ》の生命《いのち》が生き、神の智慧《ちえ》が輝《かがや》き、天地《てんち》の愛が現《あらわ》れているのである。天変《てんぺん》地変《ちへん》を恐《おそ》れるものは、きっと、岩にも、木にも、石にも、煉瓦《れんが》にも、水にも、火にも、……お礼《れい》をいったことのない人《ひと》たちに相違《そうい》ない。

「汝《なんじ》ら天地一切《てんちいっさい》のものと和解《わかい》せよ」というのは、天地一切のものが、すべて覚体《かくたい》であるという前提《ぜんてい》があってのことである。覚体《かくたい》でなければ、和解のしようがない。ただその機械的暴力《きかいてきぼうりょく》に従《したが》うか、それを利用《りよう》するか、征服《せいふく》か、征服せられるかのほかはない。

『生長の家』誌　著者の個人雑誌として昭和五年三月一日に創刊された。本全集第三十一～三十三巻「自伝篇」参照

生長の家の家族　生長の家の教えを信奉する信徒を親愛を込めて言った言葉

頭注版㊳一〇六頁

天変地変　地震、暴風、噴火など、天地の間に起こる自然の異変。天変地異

和解《わかい》とは、征服《せいふく》、被征服《ひせいふく》を絶《ぜっ》した問題《もんだい》であって、相手《あいて》を覚体《かくたい》として礼拝《らいはい》し感謝《かんしゃ》するところに和解があるのである。

十月二十三日

神想観《しんそうかん》も「あり難《がた》い」情感《じょうかん》の神想観《しんそうかん》になって来たとき初《はじ》めて尊《とうと》くもあり、荘厳《そうごん》であり、功徳《くどく》も生《しょう》ずる。実在《じつざい》の本質《ほんしつ》はただの「念《ねん》」だけではない。だから念《ねん》ずるだけでは本当《ほんとう》に実在を引出《ひきだ》すことは出来《でき》ぬ。実在は「愛」であるから、吾々《われわれ》は万物《ばんぶつ》に対《たい》する「愛」を起《おこ》さなければならぬ。「愛」は相手を予想《よそう》する感情《かんじょう》であるから、「愛」は「愛」されることを望《のぞ》み、「感謝」されることを望むのである。神を愛しないでただ功利《こうり》を「念《ねん》」ずる神想観《しんそうかん》が功徳《くどく》少《すく》なきはそのためである。吾々《われわれ》は先《ま》ず神を愛しなければならぬ。「神」の前《まえ》に死なねばならぬ。「神」の前に全《すべ》てを捨《す》てねばならぬ。それは神が「犠牲《ぎせい》」を要求《ようきゅう》せられるという意味《いみ》ではない。吾々《われわれ》の方《ほう》が「神」を愛して「物質《ぶっしつ》」

頭注版㊳一〇六頁

情感　心に訴えるようなしみじみとした感情

荘厳　重々しくおごそかなこと

功徳　神仏の恵み。御利益(ごりやく)

功利　功績や利益

を愛していない証拠《しょうこ》としてである。イエスは神を「父」と称《しょう》した。「父」という言葉の中《なか》に「子」が「父」に対《たい》する無限《むげん》の情感《じょうかん》が宿《やど》っている。神想観《しんそうかん》の最後《さいご》には必《かなら》ず「有《あ》りがとうございます」と感謝《かんしゃ》の念《ねん》を起《おこ》すべしである。

十月二十四日

真理《しんり》は読むだけで、行《ぎょう》じなければ何《なん》にもならぬ。「汝《なんじ》ら天地《てんち》一切《いっさい》のものと和解《わかい》せよ」――『生命《せいめい》の實相《じっそう》』のこの巻頭《かんとう》の一行さえも実行《じっこう》しないでいながら『生命《せいめい》の實相《じっそう》』を読んだというのは烏滸《おこ》がましいと思う。

勢力《せいりょく》争《あらそ》いをするために張合《はりあ》っていて何《なん》になるか。争わねばならぬような相手は無いと知ることが光明思想《こうみょうしそう》なのである。

人生《じんせい》の苦しみの多くは嫉妬心《しっとしん》から来るのである。嫉妬《しっと》は憎《にく》みを招《よ》び、争いを招《よ》び、あれほど真理《しんり》を知っているはずの人《ひと》が、感謝しなければならぬ人をさえ憎むようになるのである。

頭注版㊳一〇七頁

「汝ら天地一切のものと…」 昭和六年九月二十七日に著者に天降った「大調和の神示」の冒頭の言葉

『生命の實相』 著者の主著。昭和七年一月黒革表紙版が発行されてより各種各版が発行され、現在までに二千万部近くが発行されている。巻頭に前項の言葉で始まる「大調和の神示」がある

烏滸がましい 思い上がっているさま。生意気なさま

十月二十五日

平常《へいじょう》はみんな立派《りっぱ》な人《ひと》に見えるが、大事件《だいじけん》が起《お》こったときに、その人の本音《ほんね》が出る。

相当《そうとう》立派に悟《さと》っているような人で、近親者《きんしんしゃ》の死にぶっ突《つ》かって、実《じつ》は自分《じぶん》が何《なん》にも悟っていなかったのだということを知ることが度々《たびたび》ある。

人間《にんげん》は死なない生《い》き通《とお》しのものだと教《おし》えられながら、やっぱり人間は死んだと思いたがるのはどうしたものだろうか。

頭注版㊳一〇八頁

十月二十六日

私の市岡中学校《いちおかちゅうがっこう》時代《じだい》の同窓《どうそう》のひとりが逢《あ》いに来た。

同君《どうくん》の語るところによると同君は久《ひさ》しく松山高等学校《まつやまこうとうがっこう》教授《きょうじゅ》を奉職《ほうしょく》していたのであるが、一昨年退職《さくねんたいしょく》して恩給生活《おんきゅうせいかつ》の傍《かたわ》ら、現在《げんざい》或《あ》る鉱業会社《こうぎょうがいしゃ》の鉱《こう》

頭注版㊳一〇八頁

市岡中学校　大阪府立市岡中学校（現在の大阪府立市岡高等学校）。明治三十四年創設。本全集第三十一巻「自伝篇」上巻第二章参照

松山高等学校　旧制の松山高等学校。大正八年創立。現在の愛媛大学の前身校の一つ

恩給　共済組合への移行以前の公務員および旧軍人やその遺族に支給される金銭

山部《ざんぶ》の技師《ぎし》をしているのである。

同君《どうくん》は、ドイツ英国米国《えいこくべいこく》と松山高校教授《まつやまこうこうきょうじゅ》時代《じだい》に二年間留学《ねんかんりゅうがく》して来た。そして専門《せんもん》の学科《がっか》の勉強《べんきょう》の傍《かたわ》ら心霊現象《しんれいげんしょう》の問題《もんだい》を研究《けんきゅう》したのである。心霊現象の研究はドイツは盛《さか》んではないが、英米《えいべい》は非常《ひじょう》に旺《さかん》なものであって、日本《にっぽん》などの比《ひ》ではない。同君はそこで充分《じゅうぶん》研究して来て松山《まつやま》に帰ると、松山で修業中《しゅぎょうちゅう》、透視《とうし》及《およ》び直感《ちょっかん》の霊能《れいのう》を得《え》たのだという。

そこで森下君《もりしたくん》が私をわざわざ訪問《ほうもん》してくれた目的《もくてき》は、同君自身《どうくんじしん》の鉱脈透《こうみゃくとう》視《し》の霊能を応用《おうよう》して、鉱山採掘《こうざんさいくつ》に共同《きょうどう》の仕事《しごと》をする出資者《しゅっししゃ》が欲《ほ》しいというのであった。現在《げんざい》つとめている○○鉱業《こうぎょう》では同君の能力《のうりょく》を少しも認《みと》めてくれないので、折角自分《せっかくじぶん》の持っている霊能をこの国家非常時《こっかひじょうじ》の際《さい》生かさないのは勿体《もったい》ないというのである。

「鉱脈《こうみゃく》の状態《じょうたい》が眼《め》に見えてくるのですか?」と私は尋《たず》ねた。

「眼《め》に見えてくる場合《ばあい》と、眼《め》に見えないで直感的《ちょっかんてき》に判《わか》る場合とあるが、

心霊現象　科学では説明できない不可思議な現象

透視　遠方の出来事や隠された物など、普通の感覚器官では知り得ないものを見ること。日本では古来「千里眼」と呼ばれてきた

直感　説明や証明などによらず直接感覚的にぴんと分かること

非常時　事変や戦争などの非常な事態の起こった時。昭和七年の五・一五事件以降に国内で用いられた語

八十パーセントの的中率《てきちゅうりつ》が確《たし》かにある」と同君《どうくん》は答える。

「八十パーセントの的中率では、あとの二十パーセントの不的中《ふてきちゅう》のために却《かえ》って大損失《だいそんしつ》を来《きた》したような実例《じつれい》が往々《おうおう》ある。」

「ところが、鉱山《こうざん》の採掘《さいくつ》は、外面《がいめん》からは適当《てきとう》に物理的探鉱法《ぶつりてきたんこうほう》で合理的《ごうりてき》に調査《ちょうさ》して見た上《うえ》で、尚《なお》その上にその内部《ないぶ》の状態《じょうたい》を霊覚《れいかく》によって透視《とうし》するのだから、これほど確実《かくじつ》な鉱脈《こうみゃく》の探査法《たんさほう》はない。この能力《のうりょく》を充分利用《じゅうぶんりよう》することが出来《でき》ないのは残念《ざんねん》だと思うのです。」

「それは……」と私はいった。「鉱脈を透視するのも好《よ》いが、人間《にんげん》の鉱脈を透視することが肝腎《かんじん》ですね。この人《ひと》なら君《きみ》に協力《きょうりょく》してくれるという。」

「ところが、そんな人は滅多《めった》にないもんでしてね。」

「そうじゃない。君がその協力者《きょうりょくしゃ》を見出《みいだ》さないのでしょう。君の最《もっと》も身近《みぢか》に君の協力者がいるんじゃないのですか。あなたの勤《つと》めている鉱山部《こうざんぶ》の部長《ぶちょう》が君の協力者……」

探鉱　金属・非金属鉱床や石炭層・石油層などを発見したり、その質や形を調査したりすること
霊覚　霊的なものを感受する能力

「部長《ぶちょう》」と同君《どうくん》は眉《まゆ》をひそめた。「あんなものは私の能力《のうりょく》も何《なに》も認《みと》めてくれない。実《じつ》につまらない男だ。」

「君《きみ》が部長をつまらない男だと思っているから、部長は君の方《ほう》をつまらない男だと思っている。それは心の法則《ほうそく》であって、類《るい》は類を招《よ》ぶのだから。君は心霊研究《しんれいけんきゅう》をやっているなら、それ位《くらい》のことは知っているはずだと思うが。」

「それは知っているよ。君の本も少しは読んだが、僕《ぼく》はどうも心霊方面《しんれいほうめん》のことはあまり充分《じゅうぶん》知り過ぎているので、君の本を見てもピンと来ないところがある。」

「一杯塵埃《いっぱいごもく》の知恵《ちえ》が入《はい》り過《す》ぎて、何《なん》でも知っているつもりになっているから、折角好《せっかくよ》い教《おし》えでも君のコップの中《なか》へは入《はい》らない」と茶を注《そそ》ぐ。

「成程《なるほど》ね……」

「君は能力もあるし、学問《がくもん》もある、それでいて協力者《きょうりょくしゃ》がないというのは、君は君の能力に高慢《こうまん》になって人《ひと》を見下《みくだ》すというところがある。君は僕の本を

塵埃（じんあい）ちりやほこり。ごみ

高慢　人よりすぐれていると思い上がっていること

読んでもピンと来ないというけれども、霊魂《れいこん》や心の波《なみ》や、近代《きんだい》の新興物理学《しんこうぶつりがく》などのことは君《きみ》は僕《ぼく》よりよく知っているかも知れぬけれども、そのために大《だい》事《じ》のところを見のがしてしまう。そら『天地一切《てんちいっさい》のものと和解《わかい》せよ』という大切《たいせつ》な第《だい》一頁《ページ》を。すべて和解と調和《ちょうわ》と感謝《かんしゃ》の中《なか》から、ものを生《う》み出《だ》す力《ちから》が出て来る。君は先《ま》ず部長《ぶちょう》を拝《おが》むことから始めねばならぬ……」

「それは解《わか》るよ。しかしどうしてあんな部長と調和することが出来《でき》よう。例《たと》えばだね、先日東北地方《せんじつとうほくちほう》から金鉱《きんこう》を私の会社《かいしゃ》へ売りに来た。調査部《ちょうさぶ》で試験《しけん》してみると五万分《まんぶん》の一の金鉱だということが判《わか》ったといってそれを六百万円《まんえん》で買収《ばいしゅう》して、さて採掘《さいくつ》してみると二十万分《まんぶん》の一しかない。どうして鉱石《こうせき》の品《ひん》質《しつ》が急《きゅう》に低下《ていか》したのだろうなどといって部長は不思議《ふしぎ》がっているが、私には、試験室《しけんしつ》でそのテストの鉱石が摺《す》り変《か》えられている現場《げんば》まで霊視《れいし》で見える。それを言ってやっても信じないし、また他所《よそ》から折角《せっかく》売りに来た良質《りょうしつ》の鉱山《こうざん》でも、私の霊覚《れいかく》には『こいつは大《たい》した金鉱だ』と判《わか》っても表面《ひょうめん》だけ

新興物理学　二十世紀以降の物理学。相対性理論および量子力学以降の物理学。現代物理学

六百万円　現在の約百二十億〜百八十億円に相当する

霊視　肉眼ではなく霊的感覚で見ること

見て他会社《たかいしゃ》へとられてしまうようなヘマをやっている。いやはやお話にならない、こんな部長《ぶちょう》を拝《おが》むことが出来《でき》るものではない。」

「そこを拝むのが生長《せいちょう》の家《いえ》の生《い》き方《かた》である。能力《のうりょく》を拝むとか、形《かたち》を拝もうとか思うから拝めないのだけれども、人間《にんげん》に内在《ないざい》する神性《しんせい》を礼拝《らいはい》する。どんな人間にも、そのバックには尊《とうと》いものがある。それを拝むようにすれば、部長も君《きみ》を拝んで協力《きょうりょく》を求めてくるに違《ちが》いない。」

「私にはそのバックもよく透視《とうし》出来る。人間にはバックに色々《いろいろ》の霊《れい》が憑《つ》いている。君のバックには随分《ずいぶん》多くの有力《ゆうりょく》な指導霊《しどうれい》が憑《つ》いている。松山《まつやま》にいるとき度々《たびたび》呼《よ》び出《だ》して実験《じっけん》してみたが、色々の霊魂《れいこん》や神々《かみがみ》が君を護《まも》っている……」

「そういうバックではなしに、一切衆生《いっさいしゅじょう》に宿《やど》る仏性《ぶっしょう》神性《しんせい》というものを拝むようにすれば、どんな人間でも、その仏性《ぶっしょう》神性《しんせい》が顕《あらわ》れる。これは否定《ひてい》出来ない真理《しんり》なんだ。君は協力者《きょうりょくしゃ》を求めているが協力者は既《すで》にある。君の地位《ちい》

バック　back 背後。うしろ

衆生　仏教語。この世の生命あるすべて

仏性　内在する仏としての本性

をもっていて君《きみ》の能力《のうりょく》を持っていて協力者《きょうりょくしゃ》がないというのは、ただ君が相手《あいて》を軽蔑《けいべつ》する悪い癖《くせ》があるから、既にある協力者を見出《みいだ》さないだけなんだよ。」

「成《な》る程《ほど》、私は今学位論文《いまがくいろんぶん》を提出《ていしゅつ》している。私は東北帝大出身《とうほくていだいしゅっしん》だがその論《ろん》文《ぶん》を東北帝大へ出したらパスしないことが霊覚《れいかく》に判《わか》る。そこで京都大学《きょうとだいがく》へ提出したらパスして博士《はくし》になれることも判《わか》るので京都帝大《きょうとていだい》へ提出中《ていしゅつちゅう》である。万事《ばんじ》あまり判《わか》り過《す》ぎてこの通《とお》りだ。『この鉱石《こうせき》を分析《ぶんせき》してくれ』などといわれても、分析しないですぐ答《こたえ》が頭《あたま》の中《なか》に出てくるものだから、どうも仕事《しごと》が馬鹿《ばか》らしくってね。」こういう能力の持主《もちぬし》で、協力者という人間《にんげん》の鉱脈《こうみゃく》を掘《ほ》り当《あ》てぬ人《ひと》もたくさんある。

人間の鉱脈を掘り当てるのは、そんな特殊《とくしゅ》な霊能《れいのう》も、学問《がくもん》も要《い》らない。ただ今《いま》を忠実《ちゅうじつ》に生きることに在《あ》るのである。米粒《こめつぶ》に百千の細字《さいじ》を書くのが偉《えら》いのではない。当前《あたりまえ》の事《こと》が当前《あたりまえ》に出来《でき》るのが偉いのだ。奇蹟《きせき》に見惚《みと》れている間《あいだ》に大切《たいせつ》な生命《いのち》を掏《す》られぬ事《こと》が肝要《かんよう》である。

学位論文　学位を請求するために提出する論文。本書執筆当時の学位は旧制の博士号を指した

東北帝大　東北帝国大学。明治四十年に東京、京都に次いで三番目の帝国大学として勅令によって創設された。現在の東北大学の前身

京都大学　旧制の京都帝国大学。明治三十年に勅令によって創設された。現在の京都大学の前身

掏る　かすめ取る。奪い取る

十月二十七日

神は光《ひかり》である。吾等《われら》が神を心に念《ねん》じ、わが内《うち》に神を感《かん》ずるとき吾《われ》らの心のうちに光明《こうみょう》が点《てん》ぜられるのである。この「光明」を曇《くも》らせないことが大切《たいせつ》である。光が点ぜられたならば、その室《へや》の中《なか》にある一切《いっさい》のものがハッキリ見えるように、吾等《われら》の心に光が点ぜられたら、吾《われ》らが神の世嗣《よつぎ》として既《すで》に与えられているすべての善《よ》き物《もの》を、眼《め》の前《まえ》にハッキリ見出《みいだ》すことが出来《でき》るのである。

具体的《ぐたいてき》に「彼《あ》れ」「是《こ》れ」と求むるよりも、常《つね》に心を光明で照《て》り輝《かがや》かすことの方《ほう》が必要《ひつよう》である。

頭注版㊳一一三頁

十月二十八日

感謝《かんしゃ》は必要ではあるが、ただ無暗《むやみ》に有難《ありがた》いばかりでは足りないのである。

頭注版㊳一一三頁

神がすべてのものを既《すで》に与えられている実相《じっそう》を知っての有難《ありがた》さにならなければ本当《ほんとう》ではない。何《なん》でも彼《か》でも、唯手段《ただしゅだん》として「有難《ありがた》い」といっていれば無限供給《むげんきょうきゅう》や色々《いろいろ》の利益《りやく》が与えられると思うのは「有難《ありがた》い」を手段とし、方法《ほうほう》としたのである。手段や方法は過程《かてい》であり、実験室《じっけんしつ》でのことである。ある程度《ど》の功徳《くどく》は実験《じっけん》せられるかも知れないが、大生命《だいせいめい》の海原《うなばら》にそのまま坐《ざ》しているような大きな功徳《くどく》はないのである。

法悦《ほうえつ》というものは手段としての「有難《ありがた》さ」でもなく、方法としての「有難《ありがた》さ」でもなく、利益《りやく》が得《え》られたからの「有難《ありがた》さ」でもなく、そのまま既《すで》に与えられている意味《いみ》での「有難《ありがた》さ」である。

法悦　真理に触れて心に生ずる喜び

十月二十九日

既《すで》に与えられていることを自覚《じかく》せよ——といえば、実際生活《じっさいせいかつ》に何《なん》の努力《どりょく》もしないで「既《すで》に与えられている」と頗《すこぶ》る甘い態度《たいど》で生活《せいかつ》している人《ひと》も時《とき》には

頭注版㊳一一四頁

頗る　非常に

見出《みいだ》される。そんなのを神に甘える信仰《しんこう》というのであって、神の中に生きる生活《せいかつ》ではないのである。吾々《われわれ》は小我《しょうが》を神の中《なか》に没却《ぼっきゃく》させてしまわねばならないが、本当《ほんとう》の我《われ》は「神の中に」生きなければならないのである。「神は今《いま》に到《いた》るも働《はたら》き給《たま》う」――我等《われら》は小我《しょうが》を没《ぼっ》し去《さ》ると同時《どうじ》に、神と共《とも》に大活動《だいかつどう》しなければならないのである。

活動《かつどう》の中《なか》にのみ、神と偕《とも》なる悦《よろこ》びがある。

小我　仏教語。煩悩にとらわれた狭い自我
没却　すっかりなくすこと。念頭に置かないこと

十月三十日

人間《にんげん》は自然《しぜん》を征服《せいふく》し得《え》ない。自然と協力《きょうりょく》し得《う》るのみである。征服し得《う》るのは「小我《しょうが》」のみであって、「小我《しょうが》」を征服したとき、自然と吾等《われら》は和解《わかい》しているのである。

自然を征服したと思っているのは、「小我《しょうが》」の力《りき》みであって、必《かなら》ずその迷《めい》妄《もう》は自壊《じかい》する時《とき》が来る。自然を征服した結果《けっか》の自然の反逆《はんぎゃく》を天譴《てんけん》だという

頭注版㊳一一五頁

迷妄　心の迷い
自壊　内部から自然にこわれること
天譴　天のとがめ。天罰

人《ひと》もあるが、実《じつ》は迷妄《めいもう》の自壊《じかい》に過《す》ぎない。

十月三十一日

男子《だんし》が妻《つま》を失って家庭《かてい》の事情《じじょう》か何《なに》かで後妻《ごさい》を欲《ほっ》する場合《ばあい》は先妻《せんさい》の霊魂《れいこん》の承諾《しょうだく》を得《う》ることが先決問題《せんけつもんだい》なのである。そうでないと先妻の霊魂から嫉妬《しっと》の逆念《ぎゃくねん》などを放送《ほうそう》せられて、何《なん》となく後妻とその良人《おっと》との感情《かんじょう》を疎隔《そかく》せしめ、ついに離婚《りこん》に立到《たちいた》らしめるか、夫婦中《ふうふちゅう》のどちらかを病気《びょうき》にならせることがありがちである。先妻は死んでしまって、現在眼《げんざいめ》の前《まえ》にいないのにどうしてその承諾を得《う》ることが出来《でき》よう——と思われる人があるかも知れないが、先妻は肉体《にくたい》はいなくともその霊魂は大抵良人《たいていおっと》に執着《しゅうじゃく》して身辺《しんぺん》にいるのであるから、身辺にいなくとも霊界《れいかい》にいて、名を唱《とな》えれば招霊《しょうれい》し得《う》るのであるから、仏前《ぶつぜん》で先妻の名を呼《よ》んで招霊《しょうれい》し、「汝《あなた》は既《すで》に霊界の人であって地上《ちじょう》の存在《そんざい》でないから、地上の世人《せじん》に於《お》ける地上の営みに執着《しゅうじゃく》しないで霊界で向《こう》

頭注版㊳一一五頁

逆念 怒り、嫉み、憎しみなど、よこしまな思い
疎隔 親近感を失わせて隔てること
霊界 霊魂の世界。本全集第十六〜十八巻「霊界篇」参照
招霊 霊界から霊魂を招くこと

上《じょう》の道《みち》を辿《たど》って下《くだ》さい。地上《ちじょう》の吾々《われわれ》の家庭《かてい》では子供《こども》の多いことであるし、地上の生活上《せいかつじょう》家事《かじ》をとるため後妻《ごさい》が必要《ひつよう》であるから後妻を貰《もら》いたいからこれは已《や》むを得《え》ない事情《じじょう》の出来事《できごと》として怨《うら》まず嫉妬《しっと》せず、家庭の中《なか》に不幸《ふこう》の起《おこ》らないように祝福《しゅくふく》しておいて完全《かんぜん》に霊界《れいかい》の人《ひと》となって下さい。いつまでも地上の事《こと》に執着《しゅうじゃく》している霊《れい》を浮《うか》ばない霊《れい》といっていつまでも苦しまねばならぬのである。今後《こんご》一ヵ月間聖経《げつかんせいきょう》『甘露《かんろ》の法雨《ほうう》』をあなたのために誦《よ》んであげるから、その真理《しんり》をよく聴《き》き悟《さと》って人間本来肉体《にんげんほんらいにくたい》でないこと、病《やまい》も本来ないこと、本来自由自在《じゆうじざい》で歓《よろこ》びに満《み》たされていることを悟《さと》って、成仏《じょうぶつ》して自由自在の境地《きょうち》に入《はい》って下さい。」こう前置《まえお》きしてから一ヵ月間一定《げつかんいってい》の時刻《じこく》に『甘露《かんろ》の法雨《ほうう》』をその亡妻《ぼうさい》の為《ため》に誦《じゅ》するが好《よ》いのである。こうして後《のち》、後妻を迎《むか》えたら先妻《せんさい》の執着《しゅうじゃく》の念《ねん》は消えているから、何《なん》ら障礙《しょうげ》の念波《ねんぱ》を送らない。そして先妻の霊魂《れいこん》は過去帳《かこちょう》又《また》は位牌《いはい》の中《なか》に、戒名又《かいみょうまた》は俗名《ぞくみょう》を書いておいて、あとは「何々家先祖代々親類縁者一切之霊《なになにけせんぞだいだいしんるいえんじゃいっさいのれい》」とその家《いえ》の縁者《えんじゃ》の霊《れい》を一《いっ》

『甘露の法雨』 昭和五年に著者が霊感によって一気に書き上げた五〇五行に及ぶ長詩。『甘露の法雨』の読誦により、今日に至るまで無数の奇蹟が現出している。本全集第三十五・三十六巻「経典篇」参照

障礙 さまたげ。さしさわり

過去帳 寺院で檀家や信徒の死者の戒名、俗名、死亡年月日などを記入しておく帳簿。鬼籍（きせき）

位牌 仏教で死者の戒名を記した札

戒名 仏教で信徒の死後に授ける名

俗名 生前の名前

緒《しょ》にとなえて、読経《どきょう》なり廻向《えこう》すれば好《よ》いのであるから、後妻《ごさい》に対《たい》して、先妻《せんさい》の名前《なまえ》を呼《よ》ばしめる必要《ひつよう》もないのである。世間《せけん》には「生《い》き別《わか》れの後《あと》へ嫁《い》っても、死《し》に後《あと》へは嫁《い》くな」という諺《ことわざ》があるのは、先妻の死別《しべつ》したあとへ行《ゆ》くと先妻の亡霊《ぼうれい》の念波《ねんぱ》の干渉《かんしょう》があって旨《うま》く行《ゆ》かないのと、死んだ者《もの》は美しく見えるので、「前《まえ》の妻《つま》はこうだった、こうしてくれた」などとともすれば比《ひ》較《かく》されるので後妻にとって耐《た》え難《がた》いことがあるからである。後妻の前で先妻の噂《うわさ》をしたり、先妻を賞《ほ》めたりするものではないのである。

廻向　死者の冥福を祈って読経や念仏などで供養すること

呼ばしめる　呼ばせる

ともすれば　どうかすると

十一月　更《さら》に新芽《しんめ》を含《ふく》む

十一月一日

春に出る新芽《しんめ》は春になって初《はじ》めて出来《でき》るのではない。もう十一月《がつ》の頃《ころ》から、或《あるい》はもっと早くから用意《ようい》されているのである。この用意が不完全《ふかんぜん》だったら、好《よ》い新芽は出ないのである。

間違《まちがい》の上に本物《ほんもの》を建《た》てることは出来ない。健康《けんこう》になりたい人《ひと》は先《ま》ず間違《まちがい》を捨《す》てなければならない。間違《まちがい》の上にどんな立派《りっぱ》な建物《たてもの》を建ててもそれは倒《たお》れてしまう。「間違《まちがい》」とは、それがあるかのように見えても本来《ほんらい》、「当《まさ》に有《あ》るべからざるもの」即《すなわ》ち「不当有《ふとうう》」であるから、不当有《ふとうう》(間違《まちがい》)の上に物《もの》を建てたものは、いずれも壊《くだ》けてしまうのである。

人を憎《にく》んでいて健康になどなれるものではない。憎《にく》みは「不当有《あるべからざるもの》」であるから、神に対《たい》する背反《はいはん》である。神は「生命《せいめい》」であるから、「憎《にく》み」のある限《かぎ》りその人は「生命《せいめい》」に背反しているのであるから、その人の健康が不良《ふりょう》な

頭注版㊳一二〇頁

当に　打ち消しの語を伴って、そうでないことを強調する語

背反　相容れないこと。食い違うこと

のは当然《とうぜん》である。「憎《にく》み」を持続《じぞく》しながらその人《ひと》が健康《けんこう》を維持《いじ》しているように見えても、それは表面《ひょうめん》のことであって、その人が、「神」即《すなわ》ち「生命《せいめい》」に背反《はいはん》している限《かぎ》り、既《すで》にその人の健康は危殆《きたい》に瀕《ひん》しているのである。

十一月二日

怒《いか》り、憎《にく》み、恐怖《きょうふ》、嫉妬《しっと》、利己心《りこしん》、冷酷《れいこく》……等々《とうとう》はいずれも「生命《せいめい》」に対《たい》する背反である。みずから癒《い》えんとする者及《ものおよ》び他《ひと》を癒《いや》さんとする者は、これらの心を捨《す》てて愛を以《もっ》て置《お》き換《か》えなければならぬ。

善人《ぜんにん》を愛するだけでは何《なん》にもならぬ。悪人《あくにん》をも愛さなければならぬ。悪人を愛するといっても悪《あく》を容認《ようにん》する意味《いみ》ではない。悪人は本来《ほんらい》「不当有《ふとうう》」であるから、悪人に見えていても、実《じつ》は何《なに》かの間違《まちがい》でそう現《あらわ》れているだけであるということを知り、その人の本質《ほんしつ》を礼拝《らいはい》して疑《うたが》わぬことである。

危殆に瀕する　非常に危険な事態が迫っているさま

頭注版㊳一二一頁

十一月三日

生命《せいめい》の清水《しみず》を注《つ》ぎ込《こ》むには全部《ぜんぶ》の濁《にご》り水《みず》を捨《す》ててから、注《つ》ぎ込《こ》むことが必《ひつ》要《よう》である。濁り水を残しておいて清水《しみず》を注《つ》ぎ込《こ》んでも、吾々《われわれ》は依然《いぜん》として濁り水を見るのみである。怒《いか》り、憎《にく》み、恐怖《きょうふ》、嫉妬《しっと》、利己心《りこしん》、冷酷《れいこく》……等《とう》、すべて愛に背《そむ》く心を残しておいて『生命《せいめい》の實相《じっそう》』を読んで真理《しんり》を注《つ》ぎ込《こ》んでみても何《なん》にもならぬ。折角清冽《せっかくせいれつ》な真理の水が濁るばかりである。よき衣裳《いしょう》をまとうには、古き弊《やぶ》れ衣《ごろも》を脱《ぬ》ぎ捨《す》てねばならない。襤褸《ぼろ》の上《うえ》に美しい衣裳をまとってみても不似合《ふにあい》なばかりである。

心の襤褸《ぼろ》の上に、真理を羽織《はお》ってみても効果《こうか》はない。真理をまとう位《くらい》ならば、今迄《いままで》のものを全部捨てて真理を着ねばならぬ。

頭注版㊳一一一頁

清水　地下から湧き出る澄んだ清らかな水

清冽　清らかに澄んで冷たいさま

十一月四日

頭注版㊳一一二頁

汝《なんじ》の愛の乏《とぼ》しきことを嘆《なげ》け。汝《なんじ》の心に審判《さばき》の満《み》ちたることを嘆け。汝《なんじ》の心に虚偽《いつわり》の満ちたることを嘆け。働《はたら》きを惜《お》しむ心を嘆け。真理《しんり》が汝《なんじ》の心の中《うち》に未《いま》だ顕《あらわ》れざるを嘆け。本物《ほんもの》を蔽《おお》い隠《かく》す泥棒《どろぼう》のみ主人顔《しゅじんがお》をして汝《なんじ》の中《うち》に幅《はば》を利《き》かせていることを嘆け。汝《なんじ》の物質精神《ぶっしつせいしん》を嘆け。「本当《ほんとう》の汝《なんじ》」は何処《いずこ》にいるぞ。

それでも汝《なんじ》は「真理」を悟《さと》ったというか。『生命《せいめい》の實相《じっそう》』を読んだというか。

否《いな》、否《いな》、否《いな》、断《だん》じて。真理は汝《なんじ》の中《なか》にいないのである。「本当の汝」は汝《なんじ》の中《なか》にいないのである。「本当の汝《なんじ》」を汝《なんじ》の中《なか》に呼《よ》び戻《もど》せ。汝《なんじ》は癒《い》ゆるであろう。

十一月五日

神と人《ひと》とが一体《いったい》であることを、書籍《しょせき》の上《うえ》で読むだけでは何《なん》にもならぬ。神と人とが一体であることを行《ぎょう》じねばならぬ。神の愛が、神の御心《みこころ》が汝《なんじ》によっ

頭注版㊳一二二頁

て行《ぎょう》じられねばならぬ。汝《なんじ》は神の表 出口《ひょうしゅっこう》である時《とき》にのみ、神に結ばれ神によってその存在意義《そんざいいぎ》がみとめられるのである。

十一月六日

万事物質的《ばんじぶっしつてき》なものは遷《うつ》りかわるものであり、その遷《うつ》りかわるものに心惹《こころひ》かれている限《かぎ》りは、波《なみ》にさらわれた小舟《こぶね》のようなものであって不安《ふあん》は去らない。吾々《われわれ》は遷《うつ》り変《かわ》らないものを愛しなければならぬ。永遠価値《えいえんかち》のものを愛しなければならぬ。絶対的《ぜったいてき》なものを愛しなければならぬ。すべて心を労《ろう》してもとめても、やがて価値の変《かわ》るものに心を労してはならぬ。

神より出《い》ずるもの、神の属性《ぞくせい》であるもののみ無限価値《むげんかち》がある。愛は無限《むげん》の価値あるものである。赦《ゆる》しは無限価値あるものである。忠《ちゅう》、孝《こう》は無論《むろん》のこと、すべて肉体《にくたい》を超《こ》えて永存《えいぞん》する価値のことを考え、求めなければならぬ。

表出口 形となって表れくる出口

頭注版㊳一二三頁

属性 ある事物に備わる固有の性質

忠 まごころを尽くして主君や国家に仕えること

孝 親を大切にし、よく仕えること

永存 滅びないでながく存在すること

十一月七日

物質《ぶっしつ》は吾々《われわれ》を傷《きずつ》けることは出来《でき》ぬ。愛なき心が吾等《われら》を傷《きずつ》けるのである。——そしてあたかも物質が吾々《われわれ》を傷《きずつ》けたるが如《ごと》く錯覚《さっかく》せしめるのである。物質に傷《きずつ》けられたるが如《ごと》く見えている時《とき》に、反省《はんせい》してみると、物質によるよりも先《さき》に自分《じぶん》の心が恐《おそ》れていたか、憎《にく》んでいたか、怒《おこ》っていたか——ともかく傷《きずつ》いていたことを発見《はっけん》するであろう。

頭注版㊳一二三頁

錯覚　思い違い。勘違い

十一月八日

キリストに対《たい》するユダヤ人《じん》の呪《のろ》いは「彼《かれ》は自分自身《じぶんじしん》を神の子と称《しょう》せり、彼は神を瀆《けが》すものである」ということであった。ユダヤ人の思想《しそう》には、人間《にんげん》は永遠《えいえん》にエデンの楽園《らくえん》から追放《ついほう》された「土の塵《ちり》の人間」、「汝《なんじ》は土より採《と》られたれば土に還《かえ》るべきなり」とエホバの宣言《せんげん》したところの物質人間《ぶっしつにんげん》でしかなか

頭注版㊳一二四頁

エデンの楽園　『旧約聖書』「創世記」第二～三章に描かれた楽園。神によってつくられた最初の人間アダムとイヴが住んだ。本全集第十九巻「万教帰一篇」上巻参照

エホバ　『旧約聖書』において唯一神とされる神の名。ヤハウェともいう

ったのである。キリストが出て、当時《とうじ》のユダヤ人《じん》の思想《しそう》を覆《くつが》えして、「人間《にんげん》は神の子である」と宣言《せんげん》したのである。そして「我《わ》れは道《みち》であって、この道を通《とお》ればすべての人間は神の子なることを自覚《じかく》し得《え》て、永遠《えいえん》に渇《かわ》かない生命《せいめい》を得《う》る」と断言《だんげん》したのである。キリストは道標《みちしるべ》であった。キリストの指《さ》し示《しめ》したところを我《われ》らも自覚するとき、我《われ》ら自身《じしん》もキリストと同じく神の子たるを得《う》るのである。

「我れは道で…」『新約聖書』「ヨハネ伝」第十四章にあるイエスの言葉

十一月九日

人間が神の子であるということが覚《さと》れたら、人間は肉体《にくたい》のことを思《おも》い煩《わずら》わなくなる。思想の上では「人間は神の子だ」と知りながら肉体のことを思い煩っている間《あいだ》は、なおその人《ひと》の本心《ほんしん》は、「人間は肉体であり、物質《ぶっしつ》である」と信じているのであって、自分《じぶん》は「人間は神の子だ」と覚《さと》っているといっても自己欺瞞《じこぎまん》に過《す》ぎない。

頭注版㊳一一四頁

自己欺瞞 自分をあざむいてだますこと

神のほかに何物《なにもの》にも頼《たよ》らなくならなければ本物《ほんもの》ではない。

そして誰《たれ》にも責任《せきにん》を負《お》わせないで、自分《じぶん》のみが責任を負うようにならなければ本物ではない。

十一月十日

人間《にんげん》は「神の子」であるから不死《ふし》である。死んだと見える人間は、それは始《はじ》めから死んでいるところの物質《ぶっしつ》でしかないのである。

病気《びょうき》が治《なお》ったことを悟《さと》ったためであるというのは、自分の反省《はんせい》を鞭撻《べんたつ》する資料《しりょう》になっていいが、病気が治《なお》らないで死んだ人《ひと》のことを、彼《かれ》が悟らないからだというのはどうかと思う。

釈迦《しゃか》もその肉体《にくたい》は死に、キリストもその肉体は死んだのである。

とうに我々《われわれ》は肉体に於《おい》ては死に切っていたはずの自分ではないか。

病《やまい》もなく死もなくして、病《やまい》を現《げん》じ、死を現じているのが肉体であるのであ

頭注版㊳一二五頁

鞭撻　むち打つように強く励ますこと

釈迦　紀元前四六三～前三八三年頃。仏教の始祖。現在のネパールに位置したカピラバストゥ城で生まれた。釈迦族の王子だったが、二十九歳で出家。苦行の末三十五歳で悟りを開いた

る。

十一月十一日

なんじら立ちかえりて静かにせば救《すく》いを得《え》、穏《おだや》かにして依《よ》り頼《たの》まば力《ちから》を得《う》べしと。然《さ》れど、汝《なんじ》らこの事《こと》を好《この》まざりき。なんじら反《かえ》りて云《い》えり。否《いな》、われら馬に乗りて逃《に》げ走らんと。この故《ゆえ》になんじら逃げ走らん。又《また》いえりわれら疾《はや》きものに乗らんと。この故《ゆえ》になんじらを追う者疾《ものはや》かるべし。(「イザヤ書《しょ》」第《だい》三十章《しょう》十五―十六節《せつ》)これこそがあらゆる病人《びょうにん》の心理状態《しんりじょうたい》であり、同《どう》時《じ》に一切《いっさい》の精神治療《せいしんちりょう》の原理《げんり》が説《と》かれているのである。多くの肉体及《にくたいおよ》び経済界《けいざいかい》の病人は何《なん》らかの自力《じりき》の馬に乗って逃げ走れば、病気《びょうき》は追っかけて来ないものだと考えて逃げ走っているのである。薬剤《やくざい》に頼《たよ》る病者《びょうしゃ》、手術《しゅじゅつ》に頼る病者、金《かね》を儲《もう》けよう、借金《しゃっきん》をのがれようと奔走《ほんそう》する者比々皆然《ものひひみなしか》りである。まことに彼《かれ》らは疾《はや》きものに乗れば乗るほど、病気や貧乏《びんぼう》が近づいて来ないよう

頭注版㊳一二六頁

「イザヤ書」 『旧約聖書』の三大預言書の一つ。ユダヤの民が救世主の出現によって平安を得ることが預言されている

奔走 あちこちを走り回って力を尽くすこと

比々 どれもこれも

に思いちがいしているのであるが、そのゆえに、これを追う者《もの》も又疾《またはや》くちかづいて来るのである。ヨブは「請《こ》う、汝《なんじ》、神と和《やわら》ぎて平安《やすき》を得《え》よ。然《しか》らば福禄《さいわい》なんじに来《きた》らん」（「ヨブ記《き》」第《だい》二十二章《しょう》二十一）といっているのである。多くの人《ひと》たちは神と和解《わかい》していないのである。落着《おちつ》かないのは第《だい》一根本《こんぽん》に神と和解していないからである。何《なに》か神の創造《つく》りたまえる世界《せかい》にも「悪《あく》」が存在《そんざい》すると思い、神の「目こぼし」があると思い、神を疑《うたが》っているのである。真《しん》に神を信ずる者《もの》は如何《いか》なる事態《じたい》があらわれても、驚《おどろ》いて馬に乗って逃《に》げるということはないのである。「静かに」そして穏《おだや》かにして、神の力《ちから》が善《ぜん》にして無限《むげん》であることを自覚《じかく》しそれに依《よ》りたのまば、湧然《ゆうぜん》と力が湧《わ》いて来るのである。汝《なんじ》ら知れ「神の霊《れい》われを造《つく》り、全能者《ぜんのうしゃ》の気息《いき》われを活《い》かしむ」（「ヨブ記」第三十三章四）ということを。すべての悪《あく》と病気《びょうき》は神と和解していないところから生《しょう》ずるのである。神罰《しんばつ》を信ずる者は神が無限絶対《むげんぜったい》の愛であるということを知らないからである。誰《たれ》か人《ひと》と和解していない者は、実《じつ》は神と和解し

「ヨブ記」『旧約聖書』の第一八書。ヨブを主人公とする物語。ヨブはノア、ダニエルとともに旧約の三義人の一人。苦難の意義を対話形式で述べる

目こぼし　見落とすこと

湧然　盛んにわき起こるさま

ていないのである。何故《なぜ》なら神のつくり給《たま》える世界《せかい》に悪人《あくにん》があるということを信じて恐怖《きょうふ》しているからである。カール・メニンジャー著《ちょ》『人間《にんげん》の心』には無数《むすう》の病気《びょうき》が精神治療《せいしんちりょう》によって治《なお》ったことが書いてある。(但《ただ》し如何《いか》に治療《ちりょう》したかが書いてないのは遺憾《いかん》である)「彼女《かのじょ》は賢明に医者《いしゃ》と協力《きょうりょく》し、初《はじ》めて精神医《せいしんい》に接《せっ》してから快方《かいほう》に向《むか》った」(前書下巻《ぜんしょげかん》三三三頁《ページ》)というふうにである。「賢明《けんめい》に」というのはどういうふうにかはわからないのである。私は『精神分析《せいしんぶんせき》の話』の中《なか》で如何《いか》に器質的疾患《きしつてきしっかん》がかく分析《ぶんせき》してかく導《みちび》いたら治《なお》ったと導《みちび》き方《かた》を多数《たすう》の実例《じつれい》をあげて書いておいたのである。この書《しょ》をメニンジャー博士《はくし》に献《ささ》げたい。

十一月十二日

霊的自己《れいてきじこ》――迷《まよ》わぬ自己――唯一《ただひと》つ――二《ふた》つは無《な》い。迷っている自己、病《や》んでいる自己、そんなものは無《な》い。自己は二つない。一つ切り。健康《けんこう》な自己

カール・メニンジャー Karl A.Menninger 一八九三～一九九〇年。アメリカの精神分析医

『人間の心』 原題は"The Human Mind"。草野榮三良訳。昭和二十五、二十六年、日本教文社刊

遺憾 心残り。残念

『精神分析の話』 著者の個人雑誌『行』にこの題で連載された文章に加筆して昭和十六年に光明思想普及会より刊行。戦後には日本教文社より発行された

器質的疾患 神経性の病気に対して、臓器や器官の構造上の具体的な病気

頭注版㊳一二七頁

だけ。そのほかの自己《じこ》を神は創《つく》らない。

霊《れい》は健康《けんこう》で迷《まよ》わざるものである。

頭注版㊳一二八頁

十一月十三日

神の創《つく》造らざるものを創《つく》造ったとする傲慢《ごうまん》。神は人間《にんげん》の病気《びょうき》を創《つく》造らないのに、人間が病気を創《つく》造り得《え》たとする傲慢。

病気などは無《な》いではないか。

病気などは勝手《かって》に消えろ。

我《わ》れはただ神の生活《せいかつ》を生活するだけである。

頭注版㊳一二八頁

十一月十四日

「迷《まよい》」を去れば罪《つみ》と病《やまい》と死を超 越《ちょうえつ》せる「神の子」となることが出来《でき》るのである。

神から離《はな》れた心を「迷《まよい》」という。
しかし、神はすべてであるから離れることは出来《でき》ない。
では――？
神から離れた心――迷《まよい》――は無《な》いのである。
今日《きょう》から、ただ神の生活《せいかつ》あるのみである。

十一月十五日

静かに朝の太陽《たいよう》に向《むか》って、合掌礼拝瞑目《がっしょうらいはいめいもく》して、リズミカルに自分《じぶん》の耳に聞《きこ》える程度《ていど》の低声《こごえ》にて繰返《くりかえ》せよ。第《だい》一節《せつ》二十回《かい》、終《おわ》りて第二節二十回、それを終《おわ》りて第三節二十回を繰返《くりかえ》すのである。心恍《こう》たり惚《こつ》たり。天地《てんち》の中《なか》に抱擁《ほうよう》されたる心境《しんきょう》に入《い》りて止《や》む。

神はすべての渾《すべ》て
神はまたきいのち

頭注版㊳一二九頁

恍たり惚たり　うっとりするさま
抱擁　抱きかかえること

神のいのち我《わ》れ
健《すこや》かなるもの我《わ》れ
病《や》まざるもの我《わ》れ
死せざるもの我《わ》れ
無限力《むげんりょく》なるもの我《わ》れ。

神はすべてのすべて
すべてのものに神ましまして
我《わ》れを導《みちび》きたまう
神は調和《ちょうわ》の叡智《みちえ》
神は栄《さか》えの叡智《みちえ》
調和の道《みち》に導きたまう
栄えの道に導きたまう。

神はすべてのすべて
すべてのもののうちに神ましまして
我《わ》れを護《まも》りたまう。
神はまたき聖愛《みあい》
神我《わ》れを護《まも》りたまえば
幸《さち》多き者《もの》われ、
恐怖《きょうふ》なき者われ。

十一月十六日

法《ほう》があっても法はコトバであるから説《と》く者がなければ法は成就《じょうじゅ》しない。説く者があっても聴《き》かせる者がなければ成就しない。法は真理《しんり》の法体《ほったい》であり、コトバである。これを説く者は仏《ほとけ》である。成仏《じょうぶつ》とは仏《ほとけ》が法（真理）を説

頭注版㊳一三一頁

法　仏法。真理

法体　実体。本体

き始めたことである。大通智勝如来《だいつうちしょうにょらい》といえども法《ほう》を説《と》くまでは成仏《じょうぶつ》しなかったのである。仏《ほとけ》法を説くとも、これを聴取《ちょうしゅ》させる媒介者《ばいかいしゃ》がなければ衆生《しゅじょう》の耳に入《い》らないのである。その聴取の媒介役《ばいかいやく》——取次者《とりつぎしゃ》が僧《そう》である。衆生《しゅじょう》それを聞いて法を行《ぎょう》じて仏成就《ほとけじょうじゅ》す。

法《ほう》、仏《ぶつ》、僧《そう》、衆生《しゅじょう》……と次第《しだい》に法が循環《じゅんかん》するのが転法輪《てんぽうりん》である。

十一月十七日

仏《ほとけ》と一体《いったい》になる道《みち》はただ一《ひと》つ、南無《なむ》(Namah)帰命《きみょう》である。帰命《きみょう》とは、命《いのち》を仏《ほとけ》の本体《ほんたい》に没入《ぼつにゅう》して自分《じぶん》が無《な》くなることである。キリストが「およそ天《てん》国《ごく》とはこの幼児《おさなご》の如《ごと》きものである」といい給《たま》いしその「幼児《おさなご》の心」である。無我《むが》である、直心《じきしん》である、端的《たんてき》である、小知才覚《しょうちさいかく》の紆余《まわりみち》なき直截《ちょくせつ》である。天理教祖《てんりきょうそ》のいわゆる「この道はハイハイと掻《か》き上《あが》る道や」である。生長《せいちょう》の家《いえ》の「そのまま素直《すなお》に有難《ありがた》い心」である。文句《もんく》なき心、否応《いやおう》なき心、帰投《きとう》の

大通智勝如来　『法華経』の「化城喩品」に説かれている仏。第十六王子が釈尊になったとされる
媒介者　なかだち
転法輪　仏の教えが進み広がることを車輪をまわすことにたとえた語
頭注版㊳一三二頁
没入　すっかり入ること
「およそ天国…」『新約聖書』「マタイ伝」第十九章、「マルコ伝」第十章、「ルカ伝」第十八章にあるキリストの言葉
直心　正しくまっすぐな心。素直な心
端的　はっきりしたさま
小知才覚　うわべだけの知恵や才能
直截　回りくどくないさま
天理教祖　中山美伎。寛政十〜明治二十年。四十一歳の時に神憑りとなり天理教を創始

心、敬順《けいじゅん》の心である。

無我直心《むがじきしん》を行《ぎょう》ずるを徳《とく》という。

十一月十八日

仏《ほとけ》を知る心が自分《じぶん》にあるのは、自分が仏《ほとけ》であるからである。理《り》を知る心があるのは自分が理《り》であるからである。

自分が仏《ほとけ》にして、すべての人《ひと》が仏《ほとけ》にして、はじめて、我《わ》れ彼《かれ》を知り、彼我《わ》れを知る。彼と我《われ》とは平等同自《びょうどうどうじ》にして、しかも彼は彼であって我《われ》ではなく、我《われ》は我《われ》であって彼ではない。従《したが》って彼と我《われ》とは平等《びょうどう》にして、差別《さべつ》がある。差別がなければ、我《われ》と彼との差別の認識《にんしき》が出来《でき》ないし、我《われ》と彼と平等《びょうどう》でなければ我《われ》は彼を感《かん》ずることも、彼は我《われ》を感ずることも出来ない。

十一月十九日

帰投　帰依すること
敬順　敬いつつしんでしたがうこと
直心を行ずる　「徳」の旧字体「德」の成り立ち。旁(つくり)が「直・心」を、「ぎょうにんべん」が「行」を表す

頭注版㊳一三二頁

理　道理。法則

同自　自身と同一であること

頭注版㊳一三二頁

「武士《ぶし》たらむものは、正月元日《しょうがつがんじつ》の朝《あした》、雑煮《ぞうに》の餅《もち》を祝《いわ》うとて、箸《はし》を取初《とりはじめ》るより、その年《とし》の大晦日《おおみそか》の夕べに至《いた》るまで、日々夜々《にちにちよよ》、死を常《つね》に心にあつるを以《もっ》て、本意《ほんい》の第《だい》一と仕《つかまつ》り候《そうろう》。死をさえ常に心になって候《そうら》えば、忠孝《ちゅうこう》の二《ふた》つの道《みち》にも相叶《あいかな》い、万《よろず》の悪事災難《あくじさいなん》をも遁《のが》れ、その身の無病息災《むびょうそくさい》にして、寿命《じゅみょう》長久《ちょうきゅう》に、剰《あまつさ》えその人柄《ひとがら》までもよろしく罷成《まかりな》り、その徳《とく》おおき事《こと》に候《そうろう》。その仔細《しさい》を申《もう》すに、総《そう》じて人間《にんげん》の命《いのち》をば、夕べの露《つゆ》、あしたの霜《しも》になぞらえて、随分《ずいぶん》はかなき物《もの》に致《いた》し置候《おきそうろう》中《なか》にも、殊更危《ことさらあやう》きは武士の身命《しんめい》にて候《そうろう》を、人々《ひとびと》おのれが心《こころ》ずましに、いつまでも長生《ながいき》をする了簡《りょうけん》なるに依《よっ》て、主君《しゅくん》へも末永《すえなが》き御奉公《ごほうこう》、親々《おやおや》への孝養《こうよう》も、末久《すえひさ》しき義《ぎ》なりと存《ぞん》ずるから事起《ことおこ》りて、主君へも不奉公《ふほうこう》を仕《つかまつ》り、親々《おやおや》への孝行《こうこう》も疎略《そりゃく》にて罷成《まかりなる》にて候《そうろう》、今日《きょう》ありて明日《あす》知らぬ身命《しんめい》とさえ覚悟仕《かくごつかまつ》り候《そうろう》に於《おい》ては、主君の御前《ごぜん》へ罷出《まかりい》で、御用《ごよう》を承《うけたまわ》るも、親々《おやおや》の顔《かお》を見上《みあ》ぐるも、これをかぎりと罷成事《まかりなること》もやと、存《ぞん》ずる心《こころ》あいに相成候《あいなりそうろう》ゆえ、主君へ真実《しんじつ》の思《おも》い入《い》れと、罷成《まかりな》らずしてはかな

本意　本来の志
無病息災　病気もせずに健康であること
剰え　その上
仔細　詳しいこと
あした　朝
了簡　考え。思案
孝養　子が親を大切に世話すること
疎略　物事をおろそかに扱うさま

わず候《そうろう》。さるに依《よっ》て、忠孝《ちゅうこう》の二《ふた》つの道《みち》にも、相叶《あいかな》うとは申《もう》すにて候《そうろう》。」

享保年間《きょうほうねんかん》の軍学者大道寺友山著《ぐんがくしゃだいどうじゆうざんちょ》『武道初心集《ぶどうしょしんしゅう》』にこんなことが書いてある。こんな心得《こころえ》は武士《ぶし》でなくとも、およそ大業《たいぎょう》を成《な》さんとする者《もの》には必要《ひつよう》な心構《こころがま》えである。

「日々夜々《にちにちよよ》、死を常《つね》に心にあつるを以《もっ》て本意《ほんい》の第《だい》一と仕《つかまつ》り候《そうろう》」というのは、生長《せいちょう》の家《いえ》の「人間不死《にんげんふし》」の真理《しんり》とは全然反対《ぜんぜんはんたい》な事《こと》のように思えるかも知れぬが、決《けっ》してそうではないのである。生長の家でいう「肉体本来無《にくたいほんらいな》し」というのは「肉体」に対《たい》して毎日毎時毎分毎秒毎瞬《まいにちまいじまいふんまいびょうまいしゅん》「死」を宣告《せんこく》していることである。ただ悪い連想《れんそう》を惹起《ひきおこ》す言葉を忌《い》むが故《ゆえ》「死」という言葉を使わないで、「肉体無し」と「無《む》」の字を使うのである。「死」という言葉を使う場合《ばあい》には、戦場《せんじょう》とか、病気《びょうき》とか、何《なに》か非常時《ひじょうじ》が来てからはじめて肉体が死ぬように思い、常住坐《じょうじゅうざ》臥《が》の時《とき》には肉体は死なぬように思い、肉体をあるかのように思って執着《しゅうじゃく》し易《やす》い。そこで前記《ぜんき》『武道初心集《ぶどうしょしんしゅう》』にも「日々夜々《にちにちよよ》

享保年間　江戸時代中期の中御門(なかみかど)天皇・桜町天皇の御代の年号。八代将軍吉宗の時代

大道寺友山　寛永十六～享保十五年。江戸時代前期の兵法家。著書に『岩淵夜話』『駿河土産』等がある

『武道初心集』　大道寺友山著。武士の心得を平易に具体的に説いた書。五六項から成る。約一世紀後の天保年間に松代藩の家老により四四項に改編した松代版が出版されて普及した

忌む　恐れつつしんで、物事をさける

常住坐臥　特別なことのない普通の日。平生

死を常《つね》に心にあつるを以《もっ》て本意《ほんい》とす」と特《とく》に力説《りきせつ》しなければならなかったのであろう。しかし我々《われわれ》のように「肉体《にくたい》は無《な》い！」と端的《たんてき》に表現《ひょうげん》してしまったら、非常時《ひじょうじ》でなかろうが、戦場《せんじょう》でなかろうが、「肉体の無《む》」が平常心《へいじょうしん》に刻《きざ》み込《こ》まれるのであるから、日々夜々《にちにちよよ》とり立てて「死」を心に思わずとも、常住坐臥《じょうじゅうざが》如何《いか》なる場合《ばあい》にも、武士道《ぶしどう》に協《かな》った生活《せいかつ》を生きることになるのである。

「死をさえ常に心になって候《そうら》えば、忠孝《ちゅうこう》の二《ふた》つの道《みち》にも相叶《あいかな》い」というのは、肉体本来《ほんらい》なしの境地《きょうち》に到《いた》れば、肉我《にくが》に対《たい》する執着《しゅうじゃく》がなくなるので自然《じねん》法爾《ほうに》に天地《てんち》の道に協《かな》うことをいったものであって、自殺《じさつ》などして身《み》を殺すことではないのである。それどころか、我執《がしゅう》なき自然法爾《じねんほうに》のはたらきは、その生活が道にかなうが故《ゆえ》に、「万《よろず》の悪事災難《あくじさいなん》をも遁《のが》れ、その身無病息災《みむびょうそくさい》にして、寿命長久《じゅみょうちょうきゅう》に、剰《あまつさ》えその人柄《ひとがら》までもよろしく罷成《まかりな》り」と大道寺友山翁《だいどうじゆうざんおう》の書いた通《とお》りになるのである。

自然法爾　仏教語。そのままで、おのずから真理にかなっていること

我執　自分の考えや判断にとらわれて離れられないこと

キリストの「生命《いのち》を捐《す》つる者《もの》は生命《いのち》を得《う》」といった言葉も同じ意味《いみ》である。「無病息災《むびょうそくさい》になろう」と思って、日々夜々《にちにちよよ》武士《ぶし》の如《ごと》く「死」を心から離《はな》さないのではない。無病息災《むびょうそくさい》になどなろうという心は既《すで》に「死」を嫌忌《けんき》している心であって、却《かえ》って寿命《じゅみょう》短くなる心である。無病息災《むびょうそくさい》になどなろうと思わない心になってこそ、その人《ひと》は「肉体《にくたい》の無《む》」を常《つね》に心から離さない心であり、却《かえ》って無病息災延命《むびょうそくさいえんみょう》長寿《ちょうじゅ》の心なのである。

十一月二十日

拝《おが》むという心が失われたときに、万事《ばんじ》は価値《かち》が失われる。拝んでいる人《ひと》の心が神の心であり、拝んでいる心がその人から退陣《たいじん》したら、その人の中《なか》に神が在《ま》しまさぬことになったのである。

こんな文章《ぶんしょう》を読んだからとて、「あいつは近頃《ちかごろ》拝む心になっていないから駄目《だめ》だ」と他人《たにん》の悪さを批評《ひひょう》するような人がもしあったら、その人自身《ひとじしん》がま

「生命を捐つる者…」『新約聖書』「マタイ伝」第十章にあるキリストの言葉

嫌忌 忌みきらうこと

延命 長生きすること

頭注版㊳一三五頁

退陣 陣地を捨てて退くこと

在まさぬ いらっしゃらない

た拝《おが》む心を失ったということになるだろう。

十一月二十一日

仕事《しごと》が出来《でき》るばかりが能《のう》ではない。長上《ちょうじょう》に対《たい》する敬愛《けいあい》と従順《じゅうじゅん》とが失われたら価値《かち》の大半《たいはん》は失われる。

仕事は「量《りょう》」であり、敬愛と従順とは「質《しつ》」である。「質」が「量」より も尊《とうと》ばれるのは当然《とうぜん》のことである。それを逆《ぎゃく》に、「量」を「質」よりも尊んだのが「赤」の思想《しそう》であった。日本精神《にっぽんせいしん》は「量」より「質」を尊ぶのである。

仕事は「量」で測《はか》られる。それは現象的《げんしょうてき》であり、空間的《くうかんてき》であり、形《かたち》によって測られる。敬愛と従順とはまことである。まことは「形」で測られないが、「形」で測られるものよりも高位《こうい》に置かれるものはまことである。

頭注版㊳一三五頁

長上　年長者。目上の者

「赤」の思想　革命旗が赤いことから、共産主義思想

十一月二十二日

今日《きょう》は私の誕生日《たんじょうび》である。この誕生日に吾々《われわれ》の団体《だんたい》の指導精神《しどうせいしん》となるところのものを書いておくのも無駄《むだ》ではあるまい。

吾々《われわれ》を指導《しどう》する者《もの》は、ただ一《ひと》つ神の意志《いし》である。神は人《ひと》の悪口《あっこう》をいうことを許《ゆる》さないのである。悪口《あっこう》をいったとき、その人は最早吾々《もはやわれわれ》の同志《どうし》ではないのである。

しかし吾々《われわれ》は寛大《かんだい》である。一度悪口《どあっこう》をいった人でも、再《ふたた》び神の意志に随《したが》って、人々《ひとびと》を賞《ほ》め讃《たた》え感謝《かんしゃ》し合うことが出来《でき》るようになったら、吾々《われわれ》はいつでもその人を吾々《われわれ》の同志として迎《むか》えるのである。

「悪《あく》」は積極的存在《せっきょくてきそんざい》でないから、それが「悪かった」と気がついたとき忽《たちま》ち消えてしまうのである。過去《かこ》を過去として過《す》ぎ去《さ》らしめよ。吾々《われわれ》は日々《ひび》に新生《しんせい》するのである。

頭注版㊳一三六頁

私の誕生日 著者は明治二十六年十一月二十二日に生誕

新しく生《うま》れる者《もの》は、他《ひと》の旧《ふる》き悪《あく》に執《とら》われるものではない。

吾々《われわれ》の同志《どうし》は、同志としての権利《けんり》と義務《ぎむ》とを自覚《じかく》しなければならぬ。それは、一日《にち》でも早く光明思想《こうみょうしそう》によって目覚《めざ》めた者は、神から一日早く光明思想を生活《せいかつ》に行《ぎょう》ずべく指名《しめい》せられたる者であるということである。

吾々《われわれ》の指導者《しどうしゃ》は「神の意志《いし》」であるから、神が吾々《われわれ》にかく行《ぎょう》ずべく光明思想を知らせ給《たま》うた以上《いじょう》は、この無上《むじょう》の指導者の意志に従《したが》わねばならぬ。

吾々《われわれ》は一日早く光明思想を知らされたが故《ゆえ》に、後至者《あとよりきたるもの》に一人《ひとり》でも多くこの光明思想を次に伝《つた》うべき義務《ぎむ》を有《ゆう》する者である。

義務は、吾々《われわれ》に対《たい》してあるのではなく、「神の意志」に対してあるのである。そしてその義務を遂行《すいこう》するための協同体《きょうどうたい》として吾々《われわれ》の教化団体《きょうかだんたい》はあるのである。

教化団体　人々の精神的、道徳的な向上を目的とした団体。ここでは赤坂に本部を置いた生長の家を指す

誌友会《しゆうかい》や、白鳩会《しろはとかい》や、その他《た》の集会《しゅうかい》で或《あ》る一人《ひとり》が他《ひと》の悪口《あっこう》をいった場合《ばあい》には、それに対《たい》して相槌《あいづち》を打つことは、吾々《われわれ》の協同体《きょうどうたい》に於《お》いては禁《きん》ぜられている。

或《あ》る人《ひと》が某《それがし》の人《ひと》の「悪《あく》」をいった場合に吾々《われわれ》の協同体に属《ぞく》する人のいうべき答《こたえ》は「否《いいえ》、あの人は決《けっ》してそんな悪い人ではありません。あの人は本当《ほんとう》に好《よ》い人です」と証言《しょうげん》することである。

すべての人が、一人《ひとり》の人を「善人《ぜんにん》」であると証言するならば、その人がたとい「善《ぜん》」から踏《ふ》み外《はず》れようとしていた場合でも、言葉の力《ちから》によってその人は「善《ぜん》」にまで呼《よ》び戻《もど》されて来《く》るものである。

吾々《われわれ》の協同体は「神の意志《いし》」によって組織《そしき》されているのであるから、定《さだ》められたる役々《やくやく》はそれぞれその上置《じょうち》されたる位置《いち》の者《もの》に絶対《ぜったい》に服従《ふくじゅう》しなければならぬ。たとい自己《じこ》の意見《いけん》が上置者《じょうちしゃ》の意見と相異《そうい》していようとも「その

誌友会　生長の家信徒が自宅等を提供して開く研鑽会

白鳩会　昭和十一年二月に結成された生長の家婦人部。『生長の家』誌昭和十一年二月号に趣意と規約が発表され、三月に機関誌『白鳩』が創刊した。総裁は著者夫妻であった。後に谷口輝子夫人が単独の総裁となった

たとい　「たとえ」に同じ

上置　上に置くこと

まま素直《すなお》に有《あ》りがたい」とそれに対《たい》して従順《じゅうじゅん》に従《したが》うのが「神の意志《いし》」である。この場合《ばあい》、上置者《じょうちしゃ》は私人《しじん》として上置《じょうち》せられているのではない、公《おおやけ》の意志によって上置せられているのである。理窟《りくつ》はどうにでも附《つ》き、また立場《たちば》に従って意見《いけん》はどうにでも変《かわ》るものである。意見は立場の変《かわ》るだけ複数《ふくすう》にあるであろう。一々《いちいち》の意見を主張《しゅちょう》していたら紛糾《ふんきゅう》を重ねて収拾《しゅうしゅう》することが出来《でき》なくなるだろう。ただ上置された時《とき》は、その下《しも》の者《もの》に対して絶対《ぜったい》の命令権《めいれいけん》を持ち、下《しも》の者は絶対の従順さを以《もっ》てそれに服《ふく》するとき、そこに「神の意志」が行《ぎょう》じられるのである。

有利《ゆうり》に見える「我《が》」の意見を通《とお》すよりも、不利《ふり》に見える上置者の命令《めいれい》に黙々《もくもく》服従する方《ほう》が、神に於て価値《かち》が認《みと》められるのである。

定《さだ》められたる勤務時間《きんむじかん》には一分間《ぷんかん》でも遅刻《ちこく》なく必《かなら》ず出勤《しゅっきん》すべきものである。それは仕事《しごと》の分量《ぶんりょう》のためではない。仕事の分量のためにならば自宅《じたく》で

紛糾　物事がまとまらず、もつれること
収拾　混乱した状態をおさめて、とりまとめること

たくさん仕事《しごと》をして来て出勤《しゅっきん》は遅刻《ちこく》しても好《よ》いであろうが、そうではない。それは法則《ほうそく》に従順《じゅうじゅん》であるためと、法則を定《さだ》めたる上置者《じょうちしゃ》に対《たい》する従順の美徳《びとく》のためである。美徳は仕事に上置《じょうち》せられる。

更《さら》に吾々《われわれ》の協同体《きょうどうたい》に於《お》ては厳重《げんじゅう》である。定められたる出勤時間《しゅっきんじかん》よりも十数分《すうふん》も早く出勤して、定刻《ていこく》が来るまでに自分《じぶん》の室《しつ》や、自分の机《つくえ》の廻《まわ》りを掃除《そうじ》して、室《しつ》と机に感謝《かんしゃ》し、定刻が来ると共《とも》に直《ただち》に仕事が始められるように準備《じゅんび》するほどの者《もの》でないと、吾々《われわれ》の協同体《きょうどうたい》の役員《やくいん》ということは出来《でき》ないのである。

吾々《われわれ》の協同体ではみんなそれをやっているし、吾々《われわれ》はそれを尊敬《そんけい》しているのである。もし吾《われ》らの協同体のこういう習慣《しゅうかん》に反対《はんたい》である者は、いつの間《ま》にか吾々《われわれ》の団体《だんたい》にはい辛《づら》くて去って行《ゆ》くのである。

ヒットラーは「規則《きそく》の侵犯《しんぱん》は自由《じゆう》の喪失《そうしつ》と国民性《こくみんせい》の破壊《はかい》を招来《しょうらい》することになる」といった。

ヒットラー Adolf Hitler 一八八九～一九四五年。ドイツの政治家。ナチスの指導者

侵犯 他国の領土や権利などをおかすこと

招来 招き寄せること

吾々《われわれ》の協同体《きょうどうたい》は理想《りそう》によって「神の意志《いし》」を行《ぎょう》ずるために集《あつま》って出来《でき》たのである。吾々《われわれ》はこの協同体に属《ぞく》することを名誉《めいよ》とし、みずから進んでその仕事《しごと》に生命《せいめい》を献《ささ》げているのであって一人《ひとり》として報酬《ほうしゅう》のために、生計《せいけい》のために集《あつま》っている者《もの》はない。報酬は協同体から与えられているが、それはその人《ひと》の働《はたら》きが協同体の意志即《すなわ》ち「神の意志」に協《かな》っていることが認《みと》められているからである。報酬は結果《けっか》であって目的《もくてき》ではないのである。もし報酬が目的である人《ひと》が間違《まちが》えて内部《ないぶ》へ来るならば、間《ま》もなくそういう人は恥《はず》かしくなって去ってしまうのである。

吾等《われら》は名誉と矜持《ほこり》とを以《もっ》て吾々《われわれ》の協同体に属《ぞく》しているのである。

吾々《われわれ》は吾々《われわれ》の属している協同体の世話《せわ》になったり寄生《きせい》したりする者ではないし、またそうあってはならないのである。吾々《われわれ》の属している協同体は、人《じん》

寄生　ある生物が他の生物の体についてその養分を取って生活する意より、他人の働きに頼って生活すること

類光明化《るいこうみょうか》の公《おおやけ》な使命《しめい》を現実《げんじつ》にまで持《も》ち来《きた》すために選《えら》ばれた団体《だんたい》なのであるから、この協同体《きょうどうたい》に尽《つく》すことは名誉《めいよ》であるし、この協同体の世話《せわ》を焼くことは矜持《ほこり》であるから、この団体に加わっているのであって、逆《ぎゃく》にこの協同体から何《なに》かの利益《りえき》を得《う》るためでも、寄生《きせい》するためでもないのである。

吾々《われわれ》はこの協同体をより大きく、より力強《ちからづよ》く、より立派《りっぱ》に築《きず》き上《あ》げることに「神の意志《いし》」を感《かん》じ使命を感じているものである。

自分《じぶん》はこの協同体に寄生して、私利《しり》を貪《むさぼ》ろうとする者《もの》や、この神の意志を行《ぎょう》じようとする協同体に害《がい》を与えようとする者には、いつでも全力《ぜんりょく》を以《も》って闘《たたか》う用意《ようい》が出来《でき》ているのである。

吾等《われら》の本部《ほんぶ》が巍然《ぎぜん》として美しく聳《そび》え立《た》つ事《こと》は、形《かたち》は内容《ないよう》の影《かげ》とするならば、吾々《われわれ》の内容が次第《しだい》に巍然《ぎぜん》として聳《そび》えて来たことを表《あらわ》しているのである。

これは吾《われ》らの本部であって私の本部ではない。

本部　著者の東京移転直後は「お山」と呼ばれた穏田の自宅が本部を兼ねていたが、昭和十年に赤坂檜町の山脇高等女学校旧校舎を光明思想普及会が譲り受け、翌十一年に生長の家本部となった。講堂が研鑽の場の道場として使われた

巍然　高くそびえ立っているさま

吾々《われわれ》の同志《どうし》は外《そと》に対《たい》して強くならなければならぬ。内部《ないぶ》に対しては寛大《かんだい》でなければならぬ。

寛大であってもルーズであってはならぬ。

吾等《われら》は内《うち》に黙々《もくもく》として事務《じむ》を抜目《ぬけめ》ない注意深《ちゅういぶか》さで執《と》るが、外に向《むか》っては猛《もう》烈《れつ》なる闘志《とうし》を以《もっ》て光明思想《こうみょうしそう》の普及《ふきゅう》をなすべく働《はたら》きかけるのである。

内に黙々たる従順《じゅうじゅん》さのある者《もの》は尊敬《そんけい》せられ、外に対して猛烈なる働きを示す者は讃嘆《さんたん》せられる。

私は個人的《こじんてき》な理由《りゆう》で、吾《わ》が協同体《きょうどうたい》に属《ぞく》する何人《なんぴと》にも差別待遇《さべつたいぐう》を与えない。差別《さべつ》があるのは能力《のうりょく》と天分《てんぶん》と置かれたる役割《やくわり》とに於《お》ける等差《とうさ》によるのであって、この等差あるによって協同体の仕事《しごと》が順調《じゅんちょう》に運び得《う》るのである。

寛大　心がひろく、思いやりがあるさま

ルーズ loose 行動や態度にしまりがないさま

等差　ちがい。等級

私的感情《してきかんじょう》で偏愛《へんあい》することも偏憎《へんぞう》することもあり得《え》ない。何人《なんぴと》も私から一番《ばん》愛されていると信じて差支《さしつかえ》ないのである。何人《なんぴと》も一番愛されながら別々《べつべつ》の位置《いち》に置かれ、色々《いろいろ》の役割《やくわり》が分担《ぶんたん》せしめられているのである。

偏愛　特定の人や物事だけをかたよって愛すること
偏憎　特定の人や物事だけをかたよって憎むこと

十一月二十三日

頭注版㊳一四二頁

人間《にんげん》の心の想《おも》いは動力《どうりょく》であるということを知らねばなりません。心に描《えが》いた事《こと》が形《かたち》にあらわれるのであります。この事は何度《なんど》繰返《くりかえ》しても繰返《くりかえ》し過《す》ぎるということはない位《くらい》に重大《じゅうだい》な問題《もんだい》なのであります。

キリストは「先《ま》ず神の国《くに》と神の義《ただしき》を求めよ。その余《よ》のものは汝等《なんじら》に加えらるべし」と教《おし》えられました。具体的《ぐたいてき》に現実世界《げんじつせかい》に善《よ》きものが現《あらわ》れて来るに先立《さきだ》って先《ま》ず心の世界《せかい》に、神の国を描《えが》くことが必要《ひつよう》なのであります。「もし芥子種《からしだね》ほどの信だにあらばこの山に動いて海に入《い》れというと雖《いえど》も必《かなら》ず成《な》らん」とキリストがいわれたのも、実現《じつげん》に対《たい》する信仰《しんこう》が心の世界に打《う》ち建《た》てら

「先ず神の国と…」『新約聖書』「マタイ伝」第六章、「ルカ伝」第十二章にあるキリストの言葉

れれば、神の国《くに》に在《あ》る一切《いっさい》のものがこの世《よ》に実現《じつげん》するということでありま す。

すべての地上《ちじょう》の建造物《けんぞうぶつ》は、先《ま》ず建築家《けんちくか》の心の内《うち》に描《えが》かれたものが実現したのであります。原子爆弾《げんしばくだん》と雖《いえど》も科学者《かがくしゃ》の心の内に描《えが》かれたものが実現したのであります。「心は全《すべ》ての造《つく》り主《ぬし》」と謂《い》われている所以《ゆえん》であります。

物質《ぶっしつ》はみずから自発的《じはつてき》に動いて一定《いってい》の形《かたち》をとることは出来《でき》ません。湯呑《ゆのみ》が勝手《かって》に歩いたり、万年筆《まんねんひつ》が勝手に動いて文章《ぶんしょう》を書くということもありません。プランシェット(心霊現象《しんれいげんしょう》の自働書記《じどうしょき》で御筆先《おふでさき》を書く道具《どうぐ》)が自働《じどう》して文字や絵を書くのは、その道具が勝手に動くからではなく、それを動かす霊《れい》があるからです。吾々《われわれ》の肉体細胞《にくたいさいぼう》の成分《せいぶん》が一定《いってい》の姿《すがた》に配列《はいれつ》されて健康《けんこう》になるのも病気《びょうき》になるのも皆《みな》心の働《はたら》きです。

プランシェット　二つの脚輪と一本の鉛筆の三点で支えた占い板

自働書記　自分で内容を意識しないまま、意味をもった文章がつづられる現象

御筆先　天理教・大本教などで、教祖が神憑りして啓示を受け、自ずと筆を動かして書いたとされる文章

十一月二十四日

生命《せいめい》なき物質《ぶっしつ》と、生命《せいめい》ある有機体《ゆうきたい》との間《あいだ》にはけざやかな相違《そうい》があるのである。それが等しく炭素《たんそ》と水素《すいそ》と酸素《さんそ》と窒素等《ちっそとう》の化合物《かごうぶつ》であるにしても、それに生命《いのち》が宿《やど》らない間《あいだ》は、その分解《ぶんかい》・結合《けつごう》の状態《じょうたい》はいつまでも無機物的《むきぶつてき》な方向《ほうこう》において行《おこな》われる。一旦《いったん》、それに「生命《せいめい》」がやどるとき、全然《ぜんぜん》異《こと》なる分子《ぶんし》の分解・結合が行われ、一定《いってい》の「理念《りねん》」（又《また》は精神的原型《せいしんてきげんけい》）に従《したが》って或《あるい》は絢爛《けんらん》たる薔薇《ばら》の花となり、清楚《せいそ》なる百合《ゆり》の花となる。イエスはその生命《せいめい》の力《ちから》の不可思議《ふかしぎ》さを見よという意味《いみ》で「野の百合《ゆり》は如何《いか》にして育つかを見よ」と言ったのである。すべての生物《せいぶつ》は、野の百合《ゆり》にせよ。垣根《かきね》の薔薇《ばら》にせよ、そこに「生命《せいめい》」が宿っているのである。「生命《せいめい》」の一《ひと》つの特徴《とくちょう》は、物質の分子の排列《はいれつ》を、自己《じこ》の「理念」又《また》は「精神的模型《せいしんてきもけい》」の秩序《ちつじょ》にしたがって、新しく再配置《さいはいち》する力《ちから》をもっていることである。それは物質それ自身《じしん》の性質《せいしつ》を利用《りよう》しつ

頭注版㊳一四三頁

有機体　炭素を含む化合物である有機物から成り、生活機能を持つ組織体
けざやか　はっきりときわだっているさま
化合物　二種以上の元素が化合してできた別の一物質
絢爛　きらびやかで美しいさま
清楚　清らかで飾り気がなく、さっぱりしているさま
「野の百合は…」『新約聖書』「マタイ伝」第六章にあるイエスの言葉。本全集第四十八巻「聖典講義篇」二〇二頁参照
排列　順序よく並べること。また、その並び

つ、新《あら》たに自己《じこ》の理念《りねん》又《また》は精神的模型《せいしんてきもけい》を造形《ぞうけい》し行《ゆ》くこと、あたかも美術家《びじゅつか》が、絵《え》の具《ぐ》それ自身《じしん》の性質《せいしつ》を利用《りよう》しつつ、自己の内《うち》にある「美《び》の精神的模型」の姿《すがた》を造形して行《ゆ》くようなものである。

宇宙精神《うちゅうせいしん》の低次《ていじ》にして、受動的《じゅどうてき》あらわれなる物質《ぶっしつ》は、宇宙精神の高次《こうじ》にして優位《ゆうい》なるあらわれなるいわゆる「生命《せいめい》」に対《たい》してはただ素材《そざい》を提供《ていきょう》するのみであって、物質が生命《せいめい》を左右《さゆう》することは出来《でき》ないのである。逆《ぎゃく》に生命《せいめい》は自己の「心の波《なみ》」を道具《どうぐ》として、物質の分解《ぶんかい》・結合《けつごう》の状態《じょうたい》を変化《へんか》し、自己の理想《りそう》を表現《ひょうげん》するのである。野《の》の百合《ゆり》の如《ごと》き比較的《ひかくてき》低き植物階級《しょくぶつかいきゅう》の生命《せいめい》にしても、物質それ自身《じしん》の配列状態《はいれつじょうたい》を克服《こくふく》して自己の理念の姿を表現することが出来ているのに、人間《にんげん》という宇宙精神の最高顕現《さいこうけんげん》たる生物《せいぶつ》が物質の世《せ》界《かい》を克服して、健康《けんこう》の上にも、経済《けいざい》の上にも、発明《はつめい》の上にも自己の理念の姿を表現することが出来ないということはあり得《え》ないのである。諸君《しょくん》の健康が薄弱《はくじゃく》であったり、経済的《けいざいてき》に窮迫《きゅうはく》したりするのは、「人間」の天爾《てんに》の「神の

窮迫　経済的に行き詰まって生活に困っている状態

天爾　天の心の通り

子」たる「完全模型《かんぜんもけい》」をみずから主張《しゅちょう》しないからであって、それは『法華《ほけ》経《きょう》』にある大通智勝《だいつうちしょう》如来《にょらい》が十劫《じっこう》の間《あいだ》道場《どうじょう》に坐《ざ》して尚《なお》さとりを開《ひら》かなかったのと同じである。大通智勝《だいつうちしょう》如来《にょらい》は、本来全能《ほんらいぜんのう》の大通力《だいつうりき》と全智《ぜんち》の智勝《ちしょう》とをそなえていながらみずから進んでそれを自覚《じかく》しないから、自分《じぶん》の実相《じっそう》の完全《かんぜん》さがあらわれないに過《す》ぎないのである。諸君《しょくん》がひとたび自己内在《じこないざい》の大通力《だいつうりき》を自覚しそれを実現《じつげん》し得《う》ることを信じて、たゆみなく精進《しょうじん》努力《どりょく》をつづけるならば必《かなら》ずやあらゆる方面《ほうめん》に於《お》いて人間完全《にんげんかんぜん》・神の子実相《じっそう》が実現するに相違《そうい》ないのである。

『法華経』 『妙法蓮華経』の略。大乗経典中最も高遠な教えが説かれているとされる
十劫 「劫」はきわめて長い時間の単位
大通力 偉大な神通力
智勝 すぐれた智慧

十一月二十五日

吾々《われわれ》が「手を動かそう」と思えば、その想念《そうねん》のエネルギーが神経系統《しんけいけいとう》を伝わって一部《ぶ》の筋肉《きんにく》に収縮《しゅうしゅく》運動《うんどう》を起《おこ》さしめ、その反対側《はんたいがわ》の筋肉を弛緩《しかん》せしめて、想念した通《とお》りの運動《うんどう》をそこに起《おこ》すのである。その神経系統を伝わるとこ

頭注版㊳一四五頁

収縮 引き締まってちぢまること
弛緩 ゆるむこと。たるむこと

ろの想念《そうねん》のエネルギーなるものは何《なん》であろうか。それは一種《しゅ》の電気的《でんきてき》流れであると想定《そうてい》されるのである。それが電気的流れであるとするならば、それは確《たし》かに「電子《でんし》」が想念によって発射《はっしゃ》せられて神経組織《しんけいそしき》をその「電子」が走るものだと解釈《かいしゃく》され得《う》るのである。患者《かんじゃ》の睡眠中《すいみんちゅう》に於《お》ける夢《ゆめ》の変化《へんか》に従《したが》って、脳髄《のうずい》より放出《ほうしゅつ》される電気的流れに著《いちじ》るしい変化が起《おこ》るという事《こと》は、それを実験機械《じっけんきかい》によって図表的《ずひょうてき》にその変化を記録《きろく》した人《ひと》もあるのである。

そうすれば脳髄という機械装置《きかいそうち》は、電子《でんし》を放出《ほうしゅつ》するところの、一種《しゅ》のサイクロトロン装置《そうち》であるということが出来《でき》るのである。それを操《あやつ》る原動力《げんどうりょく》と操縦士《そうじゅうし》とが「想念」という不可思議体《ふかしぎたい》である。無論《むろん》、神経伝導《しんけいでんどう》によって筋肉《きんにく》を動かす力《ちから》は、単《たん》に現在物理学界《げんざいぶつりがくかい》に於《お》いてその存在《そんざい》をみとめられている「電子」だけではないであろう。もっともっと精妙《せいみょう》な種類《しゅるい》の素粒子《そりゅうし》を想念に従《したが》って放出するのであろうと信ぜられる。しかしいずれにせよ、神経伝導されるところのエネルギーの一部には電子の流れが含《ふく》まれていることは、想

サイクロトロン　一九三〇年代初頭に米国のローレンスとリビングストンによって考案発表された粒子加速装置の一つ。電磁石を用いてイオンを螺旋状に加速する。原子核の人工破壊や放射性同位体の製造などに利用する

精妙　非常にすぐれて巧みなこと

素粒子　物質を構成する最小の単位である基本粒子。光子、電子、陽子、中性子、中間子、中性微子、陽電子などの総称

念によって人体《じんたい》の電気的流《でんきてきなが》れが変化《へんか》することが電流計《でんりゅうけい》によって測定《そくてい》されることによって明《あき》らかである。従《したが》って吾々《われわれ》の脳髄《のうずい》は、極《きわ》めて少量《しょうりょう》の頭蓋骨容積《ずがいこつようせき》の中《なか》に、人造《じんぞう》のサイクロトロンよりも精妙《せいみょう》なる高級《こうきゅう》サイクロトロンを包容《ほうよう》するものだといわなければならないのである。そして想念《そうねん》が素粒子《そりゅうし》を支配《しはい》して或《あるい》は電子《でんし》を或《あるい》は他《た》の素粒子を、自由自在《じゆうじざい》に分離《ぶんり》したり組合《くみあわ》せたり、配列《はいれつ》したりすることが出来《でき》るものだということがわかるならば、想念によって、人体に癌腫《がんしゅ》を発生《はっせい》したり、筋腫《きんしゅ》を発生したり、或《あるい》はそれを消滅《しょうめつ》せしめたりなし得《う》る理由《りゆう》も当然《とうぜん》のことだといわなければならないのである。

十一月二十六日

病人《びょうにん》を単《たん》に「病《や》める肉体《にくたい》」だなどと考えてはならないのである。「病める物質《ぶっしつ》」などというものは本来《ほんらい》ないのであるから、肉体を物質と考えている限《かぎ》りに於《お》いて「病める肉体」というものは本来ないのである。肉体が単なる物《ぶっ》

包容　包みいれる

癌腫　皮膚・粘膜・腺などの上皮性の細胞に発症する悪性の腫瘍

筋腫　筋肉にできる良性の腫瘍

頭注版㊳一四六頁

体《たい》ではなく「人体《じんたい》」である限《かぎ》りに於《お》いて、それは必《かなら》ず「精神的存在《せいしんてきそんざい》」であるという意味《いみ》を含《ふく》んでいるのである。「物質《ぶっしつ》は病《や》み得《え》ない」で「心のみが病み得《う》る」とすれば、物心《ぶっしん》の両面《りょうめん》を備《そな》えている「人体」が病む場合《ばあい》にはどうしても「心が病んでいるのだ」と考える方《ほう》が正しいのである。これを仏教的《ぶっきょうてき》にいうならば「惑病同体《わくびょうどうたい》」ということである。肉体《にくたい》には「心」の作用《さよう》の結果《けっか》があらわれているばかりであって、肉体それ自身《じしん》には、肉体それ自身の細胞《さいぼう》や成分《せいぶん》の配列《はいれつ》を変化《へんか》する力《ちから》はないのである。肉体を構成《こうせい》する成分はロボットの兵隊《へいたい》さんのようなものであって、「心」という指揮官《しきかん》の命令《めいれい》する位置《いち》について命《めい》ぜられたる職能《しょくのう》につくのである。だから薬剤《やくざい》をあびるほど服《の》んだところが、心の中《なか》に「病気《びょうき》になりたい願《ねが》い」や、「もう死んでしまいたい」などという悲しみがわだかまっていては、その薬剤を完全《かんぜん》に吸収《きゅうしゅう》して効果《こうか》を発揮《はっき》する事《こと》は出来《でき》ないのである。

常《つね》に「物質」は主動者《しゅどうしゃ》ではなく、被動者《ひどうしゃ》であるということに注目《ちゅうもく》しなけ

仏教　世界三大宗教の一つ。紀元前五世紀頃、釈迦がインドで説いた教え。日本には六世紀中期に伝来した

惑病同体　心の惑いと病気とは一つであること。アメリカの思想家クインビー博士や幕末・明治期の禅僧原坦山らが唱えた。本全集第五十六巻「下化衆生篇」第一章参照

職能　その職業が受け持つ役割

被動者　他からの作用を受ける者。受け身の者

れば、新しい本当《ほんとう》の医学《いがく》は生《うま》れないのである。

こうして心が原因《げんいん》で病気《びょうき》に罹《かか》っている人《ひと》をカール・メニンジャー博士《はくし》は『人間《にんげん》の心』の中《なか》で釣針《つりばり》に引っかかった人だといっている。鱍《は》ねれば鱍《は》ねるほど水の中《なか》から飛び出して死んでしまうか、引っかかった傷口《きずぐち》が一層《いっそう》ひどく痛《いた》んで来るかが落ちである。『生命《せいめい》の實相《じっそう》』を読んだ人が、本を読むだけで病気が治《なお》るというのは、その書《しょ》が人間生命《にんげんせいめい》の本質実相《ほんしつじっそう》を知らしめ、苦痛《くつう》や問《もん》題《だい》に引っかかっていた心が自然《しぜん》にほどけるように書かれているからである。石丸梧平氏《いしまるごへいし》は最近《さいきん》『中外日報《ちゅうがいにっぽう》』紙上《しじょう》で、たまたま『生命《せいめい》の實相《じっそう》』を旅先《たびさき》で読んでみて驚《おどろ》いた。今《いま》まで読まずに「紙病院《かみびょういん》」だと軽蔑《けいべつ》していたが、その真理《しんり》を叙述《じょじゅつ》する話術《わじゅつ》のうまさに「これなら病気が治《なお》るはずだ」と書いていた。文章即宗教《ぶんしょうそくしゅうきょう》と謂《い》わるる所以《ゆえん》である。

十一月二十七日

落ち　最後に行き着くところ

石丸梧平氏　明治十九～昭和四十四年。小説家・評論家。雑誌『人生創造』を創刊。著書に『船場のぼんち』『人間親鸞』等がある

『中外日報』　明治三十年に真渓涙骨が『教学報知』と題して創刊した宗教と文化の専門新聞。明治三十五年に『中外日報』と改題。著者も折々に寄稿した

頭注版㊳一四八頁

一九五〇年《ねん》十二月《がつ》のユニティ教派《きょうは》の雑誌《ざっし》『デーリー・ワード』の巻頭《かんとう》にクレダ・レーネル(Cleda Reyner)という人《ひと》が病人《びょうにん》からその病気《びょうき》を治《なお》す為《ため》に質問《しつもん》された場合《ばあい》には、或《あ》る霊的指導者《れいてきしどうしゃ》は必《かなら》ず、患者《かんじゃ》に対《たい》して逆質問《ぎゃくしつもん》を行《おこな》って、「誰《たれ》とあなたは仲《なか》たがいになっていますか?」と訊《き》くということを書いている。必ず病気が起《おこ》るもとには心的原因《しんてきげんいん》があり、肉体《にくたい》のわずらう前《まえ》に、心のわずらいがあるのである。レーネルは「まだ正確《せいかく》に何人《なんぴと》も、如何《いか》なる心の状態《じょうたい》が肉体にどのような一定《いってい》の反応《はんのう》を惹《ひ》き起《おこ》すかということは知ってはいない。何故《なぜ》なら肉体は複雑《ふくざつ》なる機構《きこう》であるからである。しかし大《おお》づかみに謂《い》ってみて、不快陰鬱《ふかいいんうつ》なる感情《かんじょう》は肉体の倦怠疲労《けんたいひろう》を惹《ひ》き起《おこ》し、他《た》を憎《にく》み害《がい》せんとする感情は肉体の或《あ》る帯域《たいいき》にわたって攣縮《れんしゅく》、狭窄《きょうさく》、硬直等《こうちょくとう》を惹《ひ》き起《おこ》し、驚愕《きょうがく》の念《ねん》は呼吸《こきゅう》に影響《えいきょう》を与え、恐怖《きょうふ》は不当《ふとう》に体温《たいおん》を上昇又《じょうしょうまた》は下降《かこう》せしめる」といっている。当《あた》らずとも遠からずであるけれども、日本《にっぽん》ではもっと深き研究《けんきゅう》が出来《でき》ているのである。それは肉体を複雑《ふくざつ》なる物質機構《ぶっしつきこう》と見な

ユニティ教派　米国のチャールス・フィルモアを教祖とするキリスト教派。著者は生長の家の立教前後を通じて共鳴する海外の光明思想を日本に紹介した。同派の教説は「人生の鍵」シリーズとして出版された

機構　互いに関連して働くしくみ。メカニズム

陰鬱　気持ちがふさいで晴れ晴れしないこと

帯域　ある幅をもった範囲

攣縮　ひきつって縮まること

狭窄　すぼまって狭いさま

いで、「肉体《にくたい》は心の状態《じょうたい》の象徴《しょうちょう》である」という鍵《かぎ》によって、肉体の状態を観察《かんさつ》することによって啓《ひら》かれるのである。顔面《がんめん》の輪郭《りんかく》を「宇宙《うちゅう》」全体《ぜんたい》と観《かん》じて、その中心部位《ちゅうしんぶい》たるものを「自己《じこ》」と観《かん》ずるのである。自己は神の子として宇宙の意識的《いしきてき》な創造《そうぞう》の中心《ちゅうしん》であるからである。自我心《じがしん》強きもの、高慢《こうまん》なるもの、剛情《ごうじょう》なるもの、上位《じょうい》に敵意《てきい》をもちて上意《じょうい》を通《とお》さざる性格《せいかく》のものは、鼻《はな》の病《やまい》にかかるのである。この講義《こうぎ》を聞いて、ハッと心に悟《さと》るところありて、素直《すなお》な心境《しんきょう》になった瞬間《しゅんかん》に、十数年間《すうねんかん》の蓄膿症《ちくのうしょう》が癒《い》えた如《ごと》き実例《じつれい》もあるのである。鼻より上位に起《おこ》る腫物《はれもの》、皮膚病《ひふびょう》等《とう》は、自己より上位の人々《ひとびと》に対《たい》して接触《せっしょく》する際《さい》の心持《こころもち》が、不平又《ふへいまた》は憤怒《ふんぬ》である場合《ばあい》に起《おこ》るのである。奇《く》しくも、母親《ははおや》の心持《こころもち》が、良人《おっと》、舅《しゅうと》姑《しゅうとめ》、嫂《あによめ》等《とう》の人々に対して不足不平《ふそくふへい》の心持絶《こころもちた》えざる時《とき》は、その母親の生《う》んだ又《また》は育てている幼児《ようじ》の頭部《とうぶ》の湿疹《しっしん》とか、腫物《はれもの》を生《しょう》ずるのである。これは多くの統計的事実《とうけいてきじじつ》であって、各部《かくぶ》の病《びょう》気《き》についての実例的《じつれいてき》な無数《むすう》の解釈《かいしゃく》とその治験例《ちけんれい》を私は私の著書《ちょしょ》『精神分析《せいしんぶんせき》

剛情　かたくなで意地っぱりなさま。強情

上意　上に立つ者の考えや命令

蓄膿症　慢性の副鼻腔炎。頭が重い、頭痛、鼻づまり、記憶力減退などの症状を呈する

の話』に挙《あ》げておいたのである。メニンジャーの『人間《にんげん》の心』の下巻《げかん》には稍々《やや》この問題《もんだい》に触《ふ》れた点《てん》があるので精神分析《せいしんぶんせき》の研究者《けんきゅうしゃ》には好参考書《こうさんこうしょ》である。

頭注版㊳一四九頁

十一月二十八日

便秘《べんぴ》は如何《いか》にして起《おこ》るか。それは食物《しょくもつ》に関係《かんけい》して起《おこ》るというのは物質医《ぶっしつい》学《がく》の解釈《かいしゃく》であるが、同一家族《どういつかぞく》にして同一食物《どういつしょくもつ》を摂《と》りながら、一人《ひとり》は便秘し一人《ひとり》は下痢《げり》するという場合《ばあい》に於《お》いて考えるならば、それは単《たん》に食物《しょくもつ》を変更《へんこう》するだけでは治療《ちりょう》せしめ得《え》ないのである。フロイド流《りゅう》の精神分析によれば、それが肛門《こうもん》に関係した疾患《しっかん》であるから、すぐ幼児期《ようじき》の性欲《せいよく》に連関《れんかん》して解釈しようとするのであるが、そうすべてを汎性欲論《はんせいよくろん》で片附《かたづ》けてしまうべきではないのである。便秘は肉体《にくたい》は心の影《かげ》という方面《ほうめん》から分析《ぶんせき》して行《ゆ》くならば、あらゆる種類《しゅるい》のものを失うことに対《たい》する恐怖《きょうふ》が具象化《ぐしょうか》したものだということが出来《でき》るのである。金銭《きんせん》の喪失《そうしつ》に対する恐怖、友《とも》を失う恐怖、愛情《あいじょう》を失う恐

フロイド　Sigmund Freud　一八五六～一九三九年。オーストリアの精神科医。精神分析の創始者。主著に『夢判断』『自我とエス』などがある

汎性欲論　フロイドの精神分析学における学説。人間の精神症状は潜在意識の中の抑圧された性欲衝動（リビドー）の作用にあるとした

怖、……等《とう》の如《ごと》きはそれである。これを一言《いちごん》にしていえば「把《つか》む」こころである。把《つか》んで放《はな》たない心であるから、先《ま》ず心を放下《ほうか》することを、何物《なにもの》にも引っかからず、ゆったりと緊張《きんちょう》を解《と》く心に誘導《ゆうどう》すべきである。

恐怖《きょうふ》はすべて把《つか》む心であり、物《もの》を把《つか》むのである。溺《おぼ》れるものは藁《わら》をも把《つか》む。恐怖すれば手に汗《あせ》を握《にぎ》る。（握るは把《つか》むである。）すべての心が元《もと》であって、恐怖する念《ねん》が起《おこ》れば全身《ぜんしん》にその形《かたち》があらわれるのである。血管《けっかん》は収縮《しゅうしゅく》し、皮膚《ひふ》は収縮して肌《はだ》に粟《あわ》を生《しょう》ずる。心臓《しんぞう》も急激頻繁《きゅうげきひんぱん》に把《つか》むがゆえに、その鼓動《こどう》を増加《ぞうか》し、血圧《けつあつ》は昂《たか》まり、時《とき》として狭心症《きょうしんしょう》を生《しょう》ずるのである。かくて恐怖する者《もの》は直腸《ちょくちょう》も肛門《こうもん》も収縮して「尻《けつ》の穴《あな》の狭《せま》い者」となり、排便《はいべん》し得《え》ない状態《じょうたい》になるのである。

吾々《われわれ》は他《ひと》を釈《ゆる》す心にならなければならない。「釈《ゆる》す」は「放《はな》つ」であり、「放つ」は開放《かいほう》するのである。他《ひと》を釈《ゆる》すことの出来《でき》ない者は「尻《けつ》の穴の狭い者」であり、他《ひと》を害《がい》する心あるがゆえに、自分自身《じぶんじしん》をも他《ひと》から害される恐怖

放下　投げすてること

溺れるものは…　窮地に陥った者が頼りにならないものにまですがろうとすること。"A drowning man will catch at a straw."の訳

肌に粟を生ずる　恐怖や寒さのために皮膚に粟粒のようなぽつぽつができること。鳥肌が立つ

狭心症　発作的に左胸部に痛みや圧迫感を引きおこす疾患

があるのである。かくて内臓《ないぞう》も筋肉《きんにく》もすべてみずから把《つか》むことによって硬《こう》化《か》し萎縮《いしゅく》してしまうのである。それを癒《いや》す道《みち》は、症状《しょうじょう》に対《たい》して直接的《ちょくせってき》には「人間《にんげん》は神の子であるから、便秘《べんぴ》ぐらいによって害《がい》されるものではない。われ便通《べんつう》によって生きず、神の生命《いのち》によって生くるなり」と大《おお》らかな気持《きもち》になって心から便秘を放《はな》つのである。そして間接的《かんせつてき》にはそしてもっと根本《こんぽん》的《てき》には、ゆたかに愛しゆたかに釈《ゆる》す念《こころ》を起《おこ》すことである。いやしくも人《ひと》を釈《ゆる》さず、やっつけてやろうというような考えを起《おこ》してはならないのである。他《ひと》を傷《きずつ》ける心は自分《じぶん》を傷《きずつ》け、他《ひと》を愛する心は自分を愛することになるのである。

萎縮　気力や勢いが衰えてちぢこまっているさま

十一月二十九日

人間の一生涯《いっしょうがい》の時間《じかん》を平均《へいきん》三十五万時間《まんじかん》だと計算《けいさん》した人がある。フランクリンは「君《きみ》は自己《じこ》の生命《せいめい》を愛するか。然《しか》らば、決《けっ》して時間を浪費《ろうひ》してはな

頭注版㊳一五一頁

フランクリン　Benjamin Franklin 一七〇六～一七九〇年。アメリカの政治家、外交官、著述家、発明家。合衆国建国の父の一人。著書に『フランクリン自伝』等がある

らない。何故《なぜ》なら時間《じかん》こそ君《きみ》の生命《せいめい》が造《つく》られている実質《じっしつ》であるから」といったということである。時間の貴重《きちょう》さは、『生命《せいめい》の實相《じっそう》』の「生活篇《せいかつへん》」の第《だい》一章《しょう》にも書かれていることであって、空費《くうひ》されたる時間は再《ふたた》び取返《とりかえ》すことが出来《でき》ないのである。時間を空費する者《もの》は時間を殺しつつあるのであり、時間を殺しつつある者は自分《じぶん》の生命《せいめい》を殺しつつあるのである。無駄《むだ》に過《すご》される時間に、何《なに》が行《おこな》われつつあるかといえば、その間《かん》に人《ひと》は健康《けんこう》を失いつつあり、若さを失いつつあり、人格《じんかく》がもっと輝《かがや》き出《で》るはずのものが失われつつあり、学識経験《がくしきけいけん》からもっと広くなるはずのものが失われつつあり、摑《つか》めば素晴《すば》らしい幸運《こううん》がひらけて来る機会《きかい》を抛棄《ほうき》しつつあるのである。機会なしということなかれ、心さとき人々《ひとびと》にとっては時々刻々《じじこくこく》が機会であり、時々刻々《じじこくこく》の機会に心の練《ね》れていないものは、画期的《かっきてき》な大機会《だいきかい》が来たときに、それを迅速《じんそく》に摑《つか》むことが出来ないで、可惜《あたら》、見逃《みのが》してしまうのである。これを大音楽家《だいおんがくか》ハイドンの例《れい》に見よ、彼《かれ》は貧《まず》しき馭者《ぎょしゃ》の家《いえ》に生《うま》れ、ある音楽教師《おんがくきょうし》の下《もと》に走り使い

「生活篇」の第一章 「朝の時間を生かせ」の項目。本全集第十二巻「生活篇」上巻参照

空費 金銭や時間などを無駄に使うこと

抛棄 投げ捨てること

心さとき人々 かしこい人々

可惜 勿体ないことに。惜しくも

ハイドン 一七三二〜一八〇九年。オーストリアの作曲家。「交響楽の父」「弦楽四重奏曲の父」と呼ばれる

馭者 馬車に乗って馬をあやつる人

をする小僧《こぞう》として雇《やと》われたのである。しかし彼《かれ》はその間《あいだ》にも時間《じかん》を無駄《むだ》にしないで音楽《おんがく》の知識《ちしき》を吸収《きゅうしゅう》するにつとめたのである。彼の外見的《がいけんてき》な不幸《ふこう》は尚《なお》つづいた。彼はウィーンで理髪小僧《りはつこぞう》になったのであるが、その間《あいだ》にも彼は音楽の勉強《べんきょう》と、自己改造《じこかいぞう》と機会《きかい》を捉《とら》える事《こと》とに時間を空費《くうひ》することはなかった。彼は或《あ》る日店《ひみせ》に来た市《し》の有力者《ゆうりょくしゃ》の靴《くつ》が埃《ほこり》によごれているのを見てその靴をただ深切《しんせつ》の気持《きもち》で磨《みが》いてあげたのが機会となって、その人《ひと》と知り合いになり、そこに機会が摑《つか》まれたのである。一七九八年《ねん》この憐《あわ》れなる少年《しょうねん》の作曲《さっきょく》「天地創造《てんちそうぞう》」が楽壇《がくだん》に紹介《しょうかい》されるや、永遠《えいえん》に沈《しず》まない太陽《たいよう》の光《ひかり》のような華《はな》やかな讃嘆《さんたん》の声《こえ》にとりまかれたのである。彼はかくて世界的音楽家《せかいてきおんがくか》となり、皇帝《こうてい》、皇后《こうごう》と食事《しょくじ》を共《とも》にし、王子《おうじ》たちに取巻《とりま》かれる貴族《きぞく》の如《ごと》き生活《せいかつ》を送るに到《いた》ったのであるが、この貧苦《ひんく》と窮乏《きゅうぼう》の中《うち》で時間を空費することなく作曲された「天地創造」こそは彼の全生涯《ぜんしょうがい》八百有余《ゆうよ》の作曲のうち最《もっと》も大《だい》なるものだといわれているのは何《なに》を語るであろうか。皇帝と食事を共にする栄誉《えいよ》

ウィーン　オーストリア共和国の首都。本全集の底本である愛蔵版での表記は「ウィンナ」であるが一般的な表記に改めた

「天地創造」　ハイドンの代表作。本作品はハイドンの六十六歳の年の作で作曲家生活の集大成とされている

楽壇　音楽家の社会

も世界的大作曲家《せかいてきだいさっきょくか》としての栄誉《えいよ》も貧《まず》しき「無《な》き時間《じかん》」の中《うち》に自己訓練《じこくんれん》して得《え》た成果《せいか》であるということである。ローマは一日《にち》にして成《な》らず、最大《さいだい》の栄誉は「無《な》き時間」を活《い》かして自己訓練するところから得《え》られるのである。

十一月三十日

人間《にんげん》は四《よっ》つの世界《せかい》に住んでいるのである。それは概括《がいかつ》して、物質《ぶっしつ》の世界、精神《せいしん》の世界、霊《れい》の世界、更《さら》に実相《じっそう》の世界に住んでいるのである。物質の世界に於《お》いては物質の法則《ほうそく》が働《はたら》く。吾々《われわれ》は空気《くうき》を呼吸《こきゅう》せずに生活《せいかつ》することは出来《でき》ないのである。水を飲まないでは生きることは出来ないのである。この面《めん》では物質的法則《ぶっしつてきほうそく》が吾々《われわれ》に作用《さよう》する。この方面《ほうめん》を無視《むし》することは出来ないのである。だから吾々《われわれ》は自然科学《しぜんかがく》のこの方面の探究《たんきゅう》を無視するものではない。しかしながら、自然科学はまだ発達《はったつ》の途上《とじょう》にあるのである。昨日《きのう》の良薬《りょうやく》は今日《きょう》の無効薬《むこうやく》となりつつある。治療《ちりょう》の方法《ほうほう》も日進月歩《にっしんげっぽ》しつつある。日進月歩

頭注版㊳一五三頁

概括　あらましを大ざっぱに言うこと

探究　深くさぐって見きわめようとすること

日進月歩　絶え間なく進歩すること

するということは昨日《きのう》の是《ぜ》が今日《きょう》の否《ひ》となるということに過《す》ぎない。吾々《われわれ》は科学的研究《かがくてきけんきゅう》の成果《せいか》を無視《むし》することは出来《でき》ないが、全的《ぜんてき》にそれのみに頼《たよ》る事《こと》は出来ないのである。科学者《かがくしゃ》は海水《かいすい》の成分《せいぶん》と科学的に全く同一《どういつ》の成分の塩水《えんすい》を造《つく》ることは出来るけれども、この精確《せいかく》な成分の塩水中《えんすいちゅう》では海中棲物《かいちゅうせいぶつ》は育たないのである。この世界《せかい》には、現在《げんざい》の科学者の未《いま》だどうしても発見《はっけん》し得《え》ない生命《せいめい》に必要《ひつよう》な或《あ》る要素《ようそ》が存在《そんざい》するのであって、科学的に構成要素《こうせいようそ》は同一《どういつ》なるビタミンB_1であっても、米糠《こめぬか》のビタミンB_1とは現在の科学者には未知《みち》のある要素に於《お》いて異《こと》なるのであって、これは臨床効果《りんしょうこうか》に於《お》いても見られるところである。更《さら》に人間《にんげん》の一面《めん》は精神的《せいしんてき》なものであって、如何《いか》に医療《いりょう》を加えても、心の中《うち》に恐怖《きょうふ》や心配《しんぱい》や悲しみや、或《あ》る人《ひと》に対《たい》する憤《いきどお》りや憎《にく》しみを捨《す》てないでいる限《かぎ》りに於《お》いては、薬効《やっこう》があらわれないことが屢々《しばしば》あるのである。

それにもかかわらず、現代《げんだい》の医学《いがく》が人間の物質的面《ぶっしつてきめん》のみに注目《ちゅうもく》して不用意《ふようい》にその病気《びょうき》の恐《おそ》るべき名称《めいしょう》や今後《こんご》の帰趨《きすう》を言葉にあらわすために、患者《かんじゃ》は

精確　精密で確かなこと
棲物　棲息するもの
米糠　玄米を精白する際に生ずる外皮や胚の粉末
臨床　病人を実際に診察して治療すること
帰趨　行き着くところ

不要《ふよう》の恐怖《きょうふ》心配《しんぱい》にとらわれて生活力《せいかつりょく》を萎縮《いしゅく》せしめ、かかる不用意《ふようい》なる医者《いしゃ》の診断《しんだん》がなかったならば、もっと長生《ながいき》したであろうと思われる患者《かんじゃ》を急速《きゅうそく》に死に導《みちび》いて行《ゆ》く実例《じつれい》も多いのである。これなどは医者の言葉の暴力《ぼうりょく》によって、人間《にんげん》を気死《きし》せしめたと言うべきであって、言葉の暴力は人間の法律《ほうりつ》上《じょう》では罰《ばっ》せられないかも知れないけれども、神の掟《おきて》の前《まえ》には腕《うで》の暴力も言葉の暴力もその人《ひと》を害《がい》した程度《ていど》に従《したが》って、「罪《つみ》あり」と認《みと》めらるべきものである。更《さら》に人間は霊的存在《れいてきそんざい》であって、霊《れい》の故障《こしょう》によって起《おこ》る病気《びょうき》は、物質治《ぶっしっち》療《りょう》も、精神治療《せいしんちりょう》も結局《けっきょく》は効果《こうか》をあらわさないのであって、霊《れい》そのものを悟《さと》りに導《みちび》く方法《ほうほう》が必要《ひつよう》なのである。生長《せいちょう》の家《いえ》の神想観《しんそうかん》や聖経《せいきょう》の読誦《とくじゅ》によって病気が治《なお》る場合《ばあい》があるのは、本人《ほんにん》の精神状態《せいしんじょうたい》に及《およ》ぼす心理的効果《しんりてきこうか》も与《あずか》って力《ちから》があるけれども、その人《ひと》の本霊《ほんれい》の悟《さと》りと、その人の守護霊《しゅごれい》（祖先霊《そせんれい》を含《ふく》む）の悟りの向上《こうじょう》によるところが多いのである。医療《いりょう》や心理学的暗示療法《しんりがくてきあんじりょうほう》などが効果《こうか》をあらわさないところの脊椎《せきつい》カリエスや、癲癇《てんかん》の発作《ほっさ》が聖経の読誦《とくじゅ》で

気死　怒りのあまり死ぬこと。また、気絶すること

与る　関係する

本霊　本人の霊魂

守護霊　その人を護り導こうとする霊のこと

脊椎カリエス　脊椎の結核で、結核性脊椎炎とも呼ばれる

癲癇　発作的に起こる脳の機能障害。意識障害や痙攣などを主症状とする

全治《ぜんち》してしまう実例《じつれい》の多いのも、これらの病気《びょうき》が霊的障礙《れいてきしょうげ》であるからである。顕微鏡《けんびきょう》によってのみ見える微生物《びせいぶつ》の世界《せかい》に病源体《びょうげんたい》を発見《はっけん》するに吝《やぶさ》かでない現代《げんだい》の医学《いがく》が、何故《なぜ》肉眼《にくがん》で見えないと言う理由《りゆう》だけで霊《れい》の障害《しょうがい》による病源《びょうげん》を研究《けんきゅう》することを迷信視《めいしんし》しようとするのであろうか。更《さら》に人間《にんげん》は実相《じっそう》の世界《せかい》に於《お》いて、永遠不滅《えいえんふめつ》の存在《そんざい》であるのであり、それを悟《さと》ることによって現象界《げんしょうかい》の一切《いっさい》の苦悩《くのう》の上に超出《ちょうしゅつ》出来《でき》るのである。

吝かでない　…する努力を惜しまない

超出　とび出して抜け出ること

十二月　陳《ふる》きもの自《おのずか》ら謝《さ》る

十二月一日

もっともっと気尚《けだか》く生きよう、
最《もっと》も気尚《けだか》いことのほか何事《なにごと》も考えまい、
最も気尚《けだか》いことのほか何事も為《な》すまい。

他《ひと》を助けよう、
他《ひと》のためになろう。
他《ひと》に愛を注《そそ》ごう。
愛を注げば
愛が自分《じぶん》に還《かえ》って来る。
悪い人《ひと》というのは本来《ほんらい》一人《ひとり》もない、

謝る（前頁）　別れを告げて去る
頭注版㊳一五八頁

地獄《じごく》というものも決《けっ》してない。
悪いことが其処《そこ》に語られるとき
そこが地獄であり、
それを語る人《ひと》が悪い人である。

汝《なんじ》の世界《せかい》に天国 浄土《てんごくじょうど》を実現《じつげん》せんと欲《ほっ》するならば
決《けっ》して人の悪《あく》を語るな、
決して人の悪を思うな、
天国《てんごく》を目指《めざ》しつつ人の悪を語るものは
必《かなら》ずや穽《おとしあな》に陥《おちい》って地獄へと墜落《ついらく》せん。

十二月二日

ここに一個《こ》の高貴《こうき》なダイヤモンドがあるとする。それが人の邪念《じゃねん》に瀆《けが》され

頭注版㊳一五九頁

邪念　たくらみを持ったよこしまな考え

なかったら、それはそのまま貴《とうと》いのである。

ダイヤモンドの美《び》はそれ自身《じしん》で貴い。が、それを或《あ》る人《ひと》に示したとき、甲《こう》は、

「今頃《いまごろ》こんなものを指につけていたら贅沢《ぜいたく》だといわれるだろう」といった。

乙《おつ》は、

「私がつけていたら、どうせあれは贋《まが》い物《もの》だろうと人がいうでしょうよ」といった。丙《へい》は、

「私がそれをつけていたら、どこかできっと盗《ぬす》んで来たんだろうと人がいうでしょう」といった。

甲はそれに「贅沢《ぜいたく》」という名をつけ、乙はそれに「贋《まが》い物《もの》」だという名をつけ、丙はそれに「盗み」という名を附《つ》けたのである。

かくして無上《むじょう》の価値《かち》を持った宝石《ほうせき》も、心なき人の手に触《ふ》れるとき、それは既《すで》に宝石ではなく、「贅沢《ぜいたく》」となり、「贋《まが》い物《もの》」となり、「盗《ぬす》み物《もの》」となった

甲　複数の人・物・事柄があり、その一つを名前に代えて言うときの一番目の語

今頃　本章の初出は『生長の家』誌昭和十三年十二月号。この年の四月に国家総動員法が公布されるなど、戦時に際して様々な統制が行われていた

乙　甲の次に来る語

贋い物　にせもの

丙　乙の次に来る語

かくして　このようにして

のである。

しかし、これらの批評《ひひょう》にかかわらず、ダイヤモンドは依然《いぜん》としてそれ自身《じしん》の光輝《こうき》を以《もっ》て輝《かがや》いているのである。

十二月三日

頭注版㊳一六〇頁

どんな善《よ》いことが書いてあっても、それが自分《じぶん》の魂《たましい》を養《やしな》う糧《かて》だとして受《うけ》取《と》ることが出来《でき》ない人《ひと》は気《き》の毒《どく》な人である。

甲《こう》は曰《いわ》く、「これは乙《おつ》を誡《いまし》めるために書いてあるのだ。乙の野郎奴《やろうめ》、先生《せんせい》に誌上《しじょう》でやっつけられている、好《よ》い気味《きみ》だ。」

乙は曰《いわ》く、「これは甲を戒《いまし》めるために書いてあるのだ。甲の野郎奴《やろうめ》、この文章《ぶんしょう》を見て反省《はんせい》するが好《よ》い。」

こんな心持《こころもち》で読んだら、どんな好《よ》い教《おし》えでも人を争わす種《たね》になるばかりである。私はただ真理《しんり》を書くのみであって、何人《なんぴと》をもやっつけるために書いているのではない。

真理《しんり》はそれ自身《じしん》で尊《とうと》いのである。

十二月四日

真《しん》の宗教《しゅうきょう》は、生《せい》を明《あき》らめ、生きる道《みち》を明《あき》らかにし、人間《にんげん》の生活《せいかつ》をして真に幸福《こうふく》ならしめるところのものである。真の宗教は決《けっ》して教会《きょうかい》や寺院《じいん》で勝《かっ》手《て》に定《さだ》めて、それを信者《しんじゃ》に強制《きょうせい》する教条《きょうじょう》や規則《きそく》ではないのである。その意《い》味《み》に於《お》いて、却《かえ》って職業宗教家《しょくぎょうしゅうきょうか》よりも、自由思想家《じゆうしそうか》、むしろ無宗教家《むしゅうきょうか》といわれている人《ひと》の側《がわ》に真の宗教を体得《たいとく》した人々《ひとびと》があるということが出来《でき》るのである。真の宗教はいわゆる宗教家《しゅうきょうか》の独占《どくせん》ではないのである。

真の宗教家はみずから真理を実践《じっせん》し、みずから真理の生活《せいかつ》をいとなみ、自《じ》己《こ》の生活に真理を実現《じつげん》し、神の智慧《ちえ》と愛と生命《せいめい》とを具象化《ぐしょうか》するものでなければならない。

頭注版㊳一六一頁

明らめる　明らかにする

教条　かたくなに守らなければならないとされる原理・原則

体得　十分に理解して自分のものとすること

人生《じんせい》の行路《こうろ》には色々《いろいろ》の迷《まよ》える人《ひと》が満《み》ちている。そして苦しんでいるのである。或《あ》る人は病《やま》いに苦しみ、或《あ》る人は経済苦《けいざいく》に苦しみ、或《あ》る人は家庭不調和《かていふちょうわ》に苦しむ。真《しん》の宗 教家《しゅうきょうか》はかかる人々《ひとびと》に面《めん》して如何《いか》なる態度《たいど》をとるべきであろうか。彼《かれ》らと同一水準《どういつすいじゅん》に降《お》り来《きた》って一緒《いっしょ》に同情《どうじょう》の涙《なみだ》をかき垂《た》れて号泣《ごうきゅう》すべきであるだろうか。それとも物質的《ぶっしつてき》な施《ほどこ》しを与えて彼らを一時的《いちじてき》に救《すく》うべきであろうか。

イエスはラザロの死せるを見たとき、同情の涙を流したことが聖書《せいしょ》に書かれている。しかしいつまでも彼は泣いていなかったのである。「死せるに非《あら》ず、寝《い》ねたるなり」と彼はいった。同情して涙を流すは現象面《げんしょうめん》のことである。現象面にいつまでも吾々《われわれ》は執《とら》えられていてはならないのである。直《ただち》にひるがえって実相健全《じっそうけんぜん》の姿《すがた》を見るとき、却《かえ》ってその相手《あいて》は復活《ふっかつ》し救われるのである。又《また》、イエスは病《やまい》にて脚《あし》の立たぬ病人《びょうにん》にただ「起きて床《とこ》をとり上げて歩《あゆ》め」といっているのである。「ああ可哀相《かわいそう》に！」といって、一緒にそこに

ラザロ　Lázaros『新約聖書』「ヨハネ伝」第十一章に登場するベタニアのマルタとマリア姉妹の兄弟。死後イエスが墓で祈って復活させた。「ラザロの復活」として尊崇されている

「死せるに非ず、…」『新約聖書』「ヨハネ伝」第十一章一一節にあるイエスの言葉

「起きて床を…」『新約聖書』「ヨハネ伝」第五章八節のイエスの言葉

倒《たお》れふし泣《な》き濡《ぬ》れて動けなくなっているのではないのである。すべての人間《にんげん》は神の子であるから、「起きて床《とこ》を取り上げて歩む力《ちから》」を持っているのである。倒れているのは「迷《まよ》い」の具象化《ぐしょうか》に過《す》ぎないのである。「迷い」に同情《どうじょう》してはならないのである。その「迷い」を見ず、「起《た》ちて歩《あゆ》み得《う》る実相《じっそう》」を直視《じきし》して、その力を引き出すのが真《しん》の宗《しゅうきょうか》 教家の使命《しめい》であるのである。真の愛と「苦痛《くつう》の倶嘗《ともなめ》」とは異《ことな》るのである。苦痛に同悲《どうひ》して相手《あいて》と一緒《いっしょ》に墜落《ついらく》して泥《どろ》まみれになるのは真の宗教家のつとめではないのである。

十二月五日

ただ真理《しんり》のみを語れ。多言《たげん》なるべからず。多言《たげん》なれば調子《ちょうし》にのりて虚偽《きょぎ》を語ることあるべし。

ただ優《やさ》しき言葉のみを語れ。烈《はげ》しき語調《ごちょう》の言葉は深切《しんせつ》より出《い》ずる場合《ばあい》にも、憎悪《ぞうお》をもって語らるる言葉なりと誤解《ごかい》せらるることあり。

直視　物事の真実を正しくはっきりと見ること
倶嘗　ともに味わうこと
同悲　悲しみを共にすること。「同悲同苦」の語で使われることが多い
頭注版㊳一六二頁
多言　口数が多いこと
語調　話す時の言葉の調子

心の中《うち》にても、言葉に現《あら》わしても、行《おこな》いにあらわしても、人《ひと》を傷《きず》つけてはならない。

誠実《せいじつ》であれ。虚偽《きょぎ》であってはならない。素直《すなお》に、直截《ちょくせつ》に、かまえることなく、そのままの心で生活《せいかつ》し、行《おこな》い、言わねばならぬ。

値《あた》いなしに受けようとしてはならぬ。肉体《にくたい》の汗《あせ》か、心の汗か、金銭《きんせん》か、物《ぶっ》質的《しってき》な贈物《おくりもの》か、いずれにせよ何《なん》らかの値《あた》いを払《はら》って受けよ。値《あた》いなしに受けたものは、いつかは奪《うば》い返《かえ》されることがある。

自己《じこ》の生活が気尚《けだか》き基礎《きそ》に立つかどうか顧《かえり》みよ。

汝《なんじ》の生活を、愛と赦《ゆる》しと忍耐《にんたい》との上に築《きず》きて、怒《いか》りと憎《にく》みとを常《つね》に支配《しはい》せよ。怒《いか》りと憎《にく》みとは神と汝《なんじ》とを隔《へだ》てる最《もっと》も大《だい》なる敵《てき》である。常《つね》に朗《ほが》かであれ。不快《ふかい》なこと、争いのこと、憎むべきこと、人の悪《あ》しきことを忘れ去れ。忘れ上手《じょうず》が光明生活《こうみょうせいかつ》の第《だい》一歩《ぽ》である。

恩《おん》を忘れてはならない。恩を忘れる者《もの》は根《ね》を培《つちか》わない樹木《じゅもく》の枝《えだ》の如《ごと》く、一《いち》時《じ》は生花《いけばな》の如《ごと》く美しくともやがては枯《か》れてしまうであろう。

人《ひと》に深切《しんせつ》をつくすのが、最善《さいぜん》の宗教《しゅうきょう》である。ただ教《おし》えの説教師《せっきょうし》になってはならないのである。一日《にち》、一回以上《かいいじょう》、出来《でき》るだけ自分《じぶん》の利益《りえき》にも何《なん》にもならない事《こと》で、純粋《じゅんすい》に他《ひと》のために尽《つく》せ。純粋で無我《むが》でつくすことはその事自《ことじ》体《たい》が神に通《つう》ずる祈《いの》りである。無我の愛でささげたる奉仕《ほうし》は神に献《ささ》げたことになるのである。

自分の収入《しゅうにゅう》の二分乃至《ぶないし》一割《わり》で、自分の救《すく》われた教えを弘《ひろ》めるために真理《しんり》の小冊子《しょうさっし》を買って無代進呈《むだいしんてい》することは神に対《たい》する恩返《おんがえ》しとなる。与えただけが与え返されるのである。

十二月六日

自分が自分の環境《かんきょう》の中心者《ちゅうしんしゃ》とならなければならぬ。周囲《しゅうい》によって自分が攪乱《こうらん》せられるようなことではならぬ。周囲が悪いから自分が苦しいなどとい

説教師　神仏の教えを説き聞かせる人

真理の小冊子　生長の家の立教後まもなく『生命の實相』の内容をテーマごとに編纂した「生長の家叢書」「光明叢書」等のパンフレットが発行された。その後も各種の小冊子が発行されている
頭注版㊳一六四頁

攪乱　かき乱して混乱を起こさせること

うな。かくの如《ごと》くいう人《ひと》は、何《なん》たる卑怯《ひきょう》な奴隷根性《どれいこんじょう》なんだろう。

周囲《しゅうい》というが如《ごと》き自分《じぶん》から独立《どくりつ》せるものは無《な》い。自分の周囲に関《かん》する限《かぎ》りは、自分が存在《そんざい》の中心者《ちゅうしんしゃ》なのである。先《ま》ず汝《なんじ》が自身《じしん》の自覚《じかく》を屈従《くつじゅう》せしめて、周囲が汝《なんじ》を屈従せしめるのである。奴隷《どれい》となるな、屈従するな、但《ただ》し、これは剛性《ごうじょう》になれということではない。

素直《すなお》に周囲の事情《じじょう》を感受《かんじゅ》することは、周囲を支配《しはい》する王者《おうじゃ》となる道《みち》である。噛《か》み締《し》めればどんなものにも味《あじ》が出る。周囲に攪乱《こうらん》せしめられるとは、落著《おちつ》きを失って、周囲の味を噛《か》み締《し》め味《あじわ》い得《え》ないことである。

十二月七日

常《つね》に落著《おちつ》いて、周囲と自分の立場《たちば》を見定《みさだ》めた後《のち》、行動《こうどう》の方向《ほうこう》を定めたら、その方向に一路邁進《いちろまいしん》しなければならぬ。一旦決意《いったんけつい》した以上《いじょう》は、右顧左眄《うこさべん》することは禁物《きんもつ》である。

屈従　自分の意志をまげて従うこと。屈伏

剛性　物体の変形しにくい性質。ここではかたくなで意地っ張りなさま。剛情

感受　印象などを心に受けとめること

頭注版㊳一六五頁

一路邁進　目標に向かって一つの道をひたすら進むこと

右顧左眄　右を見たり左を見たりして、ためらうこと

ひとの中傷《ちゅうしょう》にまどわされるな。

十二月八日

歴史《れきし》というものが正確《せいかく》なのは、その記述《きじゅつ》された事柄《ことがら》に寸分《すんぶん》の間違《まちがい》がないということではない。豊太閤《ほうたいこう》の朝鮮征伐《ちょうせんせいばつ》、小早川隆景《こばやかわたかかげ》の奮戦《ふんせん》、上杉謙信《うえすぎけんしん》・武《たけ》田《だ》信玄《しんげん》の川中島《かわなかじま》に於《お》ける一騎討《きうち》など、誰《たれ》も実際《じっさい》に見ていたわけではない。何《なん》年《ねん》何月《なんがつ》にこんなことがあったというような大雑把《おおざっぱ》なことは間違《まちがい》がないかも知れない。しかし些細《ささい》な点《てん》ではいずれも事件《じけん》の上からいえば間違《まちが》っているはずである。

昨日《きのう》の出来事《できごと》を今日《きょう》書くということすら、強調《きょうちょう》や、省略《しょうりゃく》が必然《ひつぜん》加わらねばならぬので、実際の出来事とは甚《はなは》だしく遠ざかる。それは画家《がか》がカンバスに収《おさ》めるために如何《いか》に景色《けしき》を「切る」かの問題《もんだい》によく似《に》ている。それは「切り取る」ことによって、或《あるい》は色彩《しきさい》の強調によって、実物《じつぶつ》とは甚《はなは》だ遠ざかった

頭注版㊳一六五頁

寸分 ほんのわずか

豊太閤 豊臣秀吉。天文五～慶長三年。安土桃山時代の武将。天下統一を成し遂げた。関白・太政大臣に任ぜられて豊臣姓を賜った。「太閤」は太政大臣への敬称。朝鮮に出兵したが敗退した

小早川隆景 天文二～慶長二年。安土桃山時代の武将。毛利元就の三男。豊臣秀吉の信任を得て五大老の一人となった。文禄の役に参戦した

上杉謙信 享禄三～天正六年。戦国時代の武将。北陸地方一帯を統治した。信濃の川中島で武田信玄の軍勢と戦った

武田信玄 大永元年～天正元年。戦国時代の武将。甲斐、信濃、駿河等を領有した。「信玄法度」「信玄堤」等でも知られる

形《かたち》となり色《いろ》となりながら、却《かえ》って実物《じつぶつ》が描《えが》かれているのである。

　神話《しんわ》と歴史《れきし》はそうした意味《いみ》に於《お》いて、実際《じっさい》にあった事柄《ことがら》とは甚《はなは》だしく異《こと》なっていながら、却《かえ》って実物が描《えが》かれているのである。神話と歴史は民族《みんぞく》の理想《りそう》でありながら、実際とは相異《そうい》しながらでも、より多く実物であるのである。

十二月九日

　先《ま》ず吾々《われわれ》は無我《むが》にならなければならない。無我《むが》のみ「神の聖旨《みこころ》」を受け、同時《どうじ》に神の有《も》ち給《たま》う一切《いっさい》が吾《わ》がものとなるのである。無我《むが》は「零《ゼロ》」であって、同時に「全《すべ》て」である。

「我《が》」を放《はな》さないとき、その程度《ていど》に応《おう》じて、神の光《ひかり》は蔽《おお》われるのである。

「我《が》」とは、たとえば窓硝子《まどガラス》の埃《ほこり》のようなものである。

川中島　長野市南部の千曲川と犀川に挟まれた一帯。天文二十二年から永禄七年まで武田信玄と上杉謙信との合戦が行われた。永禄四年の四回目の激戦が広く知られている
カンバス　canvas　油絵を描くための布

頭注版㊳一六六頁

十二月十日

「神」より確《たし》かなものはない。「神」から全《すべ》てのものが与えられないのは、「光明《こうみょう》」に転向《てんこう》していないか、その頼《たよ》りかたが「全託《ぜんたく》」の境地《きょうち》に達《たっ》していないからである。「光明」に転向せずして、「神」にまかせている者《もの》も与えられないし、光明に転向しても、自力《じりき》で色々《いろいろ》と小知才覚《しょうちさいかく》を弄《ろう》するものも与えられないであろう。

十二月十一日

「そのまま」ということは、宗教上《しゅうきょうじょう》最《もっと》も深い意義《いぎ》をもっていることであって魂《たましい》の発達向上《はったつこうじょう》のために是非《ぜひ》とも必要《ひつよう》なところの条件《じょうけん》なのである。「そのまま」とは工夫巧者《くふうこうしゃ》を含《ふく》まないという意味《いみ》でもある。虚飾《きょしょく》を用《もち》いないという意味もある。老子《ろうし》は樸《ぼく》(アラギ)という字を使っているがそのまま素樸《そぼく》

頭注版㊳一六六頁

弄する　もてあそぶ

頭注版㊳一六七頁

工夫巧者　よい方法を考えたり、巧みにこなしたりするさま

虚飾　うわべだけを飾ること

老子　生没年不詳。春秋戦国時代の楚の思想家。道家の祖。儒教の人為的な道徳や学問を否定し、無為自然の道を説いた。『老子』(『老子道徳経』)の著者とされる

アラギ　切り出したままの木材。『老子』第十九章に「素樸」について記されている

なることである。神社《じんじゃ》の建物《たてもの》のように、上面《うわつら》から色彩《しきさい》を塗《ぬ》らずそのままであるという意味《いみ》である。贅沢《ぜいたく》や、虚栄《きょえい》を排《はい》して両舌綺語《りょうぜつきご》を用《もち》いないことでもある。吾々《われわれ》は実相《じっそう》という文字《もじ》を書いてそれに「そのまま」とふりがなをつけることがある。英語《えいご》ではシンプリシティ(Simplicity)という語を用いる。直《ちょく》訳《やく》すれば単純《たんじゅん》という意味になるがそれだけでは少し意味が浅いのである。

単純ということは、物《もの》が複雑《ふくざつ》に進化《しんか》していないというような意味があって深さが足りない感《かん》じがするのである。「そのまま」という語はもっと深いのである。切り出した材木《ざいもく》のそのままの切口《きりぐち》にそこの深い所からそのまま美しい木目《もくめ》が脈　々《みゃくみゃく》と見えるような深い味《あじわ》いをもっているのである。

そのままの生活《せいかつ》をなし得《う》る人《ひと》は聖者《せいじゃ》である。中々《なかなか》そのままの生活には普通《ふつう》の人はなりきれない。人がみている前《まえ》では何《なに》か気まりが悪い想《おも》いがする。足がしびれても投げだすのが気がねな気がする。もっと行儀《ぎょうぎ》のよい自分《じぶん》であるとみせたくなる。坐《すわ》っていても足のくたびれがまことに常人《じょうにん》以上《いじょう》に鍛錬《たんれん》を

両舌　仏教語。十悪の一つ。両方の人にそれぞれ違った事を言って仲たがいさせること。二枚舌

綺語　仏教語。十悪の一つ。真実にそむいて巧みに飾った言葉

気がね　他人の思惑などに気をつかうこと

経《へ》た作法《さほう》上手《じょうず》に見せたいのである。ある人《ひと》は自分《じぶん》のもっている富《とみ》よりももっと富《と》んでいるように見せたがる。ある人は自分の学《がく》の足りないのを如何《いか》にも学者《がくしゃ》ぶろうとして未熟《みじゅく》な新語《しんご》や、生硬《せいこう》な外来語《がいらいご》を使ってみせたりする。ある人は容態《ようだい》ぶって如何《いか》にも豪傑《ごうけつ》らしく往来《おうらい》を濶歩《かっぽ》する。ある人は若く見せようとして白髪《しらが》を染《そ》める。どの行為《こうい》にもあまりぴったりしないものが感《かん》じられる。ぴったりするのが「そのまま」なのである。

十二月十二日

井上源藏《いのうえげんぞう》さんから「こその妙味《みょうみ》」という題《だい》で興味《きょうみ》ある原稿《げんこう》が来た。本当《ほんとう》に「こそ」の二字の置《お》き所《どころ》で地獄《じごく》が極楽《ごくらく》になり、極楽が地獄になるのである。これが言葉の力《ちから》というものである。井上源藏さんは中風《ちゅうぶう》で七年間半身不随《ねんかんはんしんふずい》で腰《こし》が海老《えび》のように曲《まが》っていた老人《ろうじん》であったが、この「こそ」の妙味《みょうみ》を体得《たいとく》して中風《ちゅうぶう》が癒《い》え腰が伸《の》びたのである。

生硬　未熟でかたい感じのするさま
容態ぶる　体裁をつくろう。もったいぶる
豪傑　武勇と度胸が秀でた人
往来　道路
濶歩　大股で悠々と歩くこと
頭注版㊳一六八頁

妙味　何とも言えないすぐれた味わい

中風　脳出血などによる半身不随または手足の麻痺などの症状

（こそという言葉を自分《じぶん》に附《つ》けた時《とき》争いの因《もと》となる）

夫《おっと》　貴様《きさま》みたよなお多福婆《たふくばば》を私《わ》しでありゃこそ置いてやる

妻《つま》　私《わ》しじゃからこそ辛抱《しんぼう》もするが誰《たれ》が見るぞえ痩世帯《やせじょたい》

親《おや》　誰《たれ》がお蔭《かげ》でそうまでなったおれが学問《がくもん》させりゃこそ

子　学問させてもみんなは出来《でき》ぬ私《わ》しが勉強《べんきょう》したりゃこそ

地主《じぬし》　あれがああして暮《くら》して行《ゆ》くもこちが田畑《たはた》を貸《か》せばこそ

小作人《こさくにん》　地主の田畑が荒れずにいるも私《わ》しが小作をすればこそ

（こそという言葉を相手《あいて》に附《つ》けた時互《たがい》に仲好《なかよ》く和解《わかい》する）

夫　外で私《わたし》が働《はたら》かれるも内《うち》をそなたが守りゃこそ

お多福　鼻の低い下ぶくれの醜い女性。おかめ
痩世帯　貧乏な暮らし。貧乏な世帯

妻　私《わたし》みたよな不束者《ふつつかもの》をあなたなりゃこそ深切《しんせつ》に

親《おや》　あの子なりゃこそ出世《しゅっせ》もしたよ苦労《くろう》したのも甲斐《かい》がある

子　今日《きょう》の私の出世もみんな親の苦労があればこそ

地主《じぬし》　田畑《たはた》つくらず暮《くら》しのたつも小作《こさく》する人《ひと》あればこそ

小作人《こさくにん》　我田《わがた》なくても暮《くら》して行《ゆ》けるこれも地主のあればこそ

（これによって）

こそと威張《いば》ってこちらにつけりゃなにをこしゃくと喧嘩腰《けんかごし》

こそとあがめて相手《あいて》につけりゃにっこり笑ってあなたこそ

喧嘩《けんか》するのも仲《なか》よくするもこその附《つ》けどこ只《ただ》ひとつ

夫婦《ふうふ》、親子《おやこ》、妻子《さいし》、地主、小作人はいうに及《およ》ばず、資本家《しほんか》と労働者《ろうどうしゃ》の関係《かんけい》

不束者　気がきかず行き届かない者

こしゃく　生意気で癪にさわるさま

も債権者《さいけんしゃ》と債務者《さいむしゃ》の関係《かんけい》も乃至《ないし》教師《きょうし》と生徒《せいと》、主人《しゅじん》と番頭《ばんとう》、奥様《おくさま》と女中《じょちゅう》などの関係も皆《みな》こうしたものであろうと思われる。

井上源藏《いのうえげんぞう》さんは自分《じぶん》の背《せ》の伸《の》びたのを都々逸《どどいつ》に歌って曰《いわ》く――

背《せ》だけのばしてもろうたこの身骨《みほね》を惜《お》しまにゃ気が楽《らく》よ
細い道《みち》でも我《われ》から退《よ》けて人《ひと》を通《とお》せば気が楽よ
理《り》づめいわずに理のある事《こと》もまけてしまえば気が楽よ
腹《はら》を立てるは至《いた》らぬからと思いいりゃこそ気が楽よ
我意《がい》や気ままや無理《むり》いう人に勝とうと思わにゃ気が楽よ
正直《しょうじき》であつい寒いのいといなくはたらく人はよろず円満《えんまん》
他事《ひとごと》と思えばやがて我事《わがこと》よまことつくせばやがてわが事

都々逸　俗曲の一種の都々逸節の略。七七七五の二十六文字の歌詞に旋律をつけた歌

我意　自分の思うままにしようとする気持ち。わがまま
いとい　いやがること。嫌うこと
やがて　すなわち。とりもなおさず

十二月十三日

唯一《ゆいいつ》の成功《せいこう》とは価値《かち》あるものを実現《じつげん》するということである。

みずから省《かえり》みよ。汝《なんじ》は今《いま》の生活《せいかつ》に於《お》いて、今の行為《こうい》に於《お》いて、今の思いに於《お》いて、価値あるものを実現しつつあるか。

価値あるもの以外《いがい》のものを追求《ついきゅう》しつつあったならば、即刻《そっこく》その生活を更《あらた》めなければならぬ。

では、実現とは何《なん》であるか。物質状態《ぶっしつじょうたい》に現《あらわ》れることのみを実現と観《み》るときには、人間《にんげん》は物質目的《ぶっしつもくてき》のみの追求者《ついきゅうしゃ》となって、心的態度《しんてきたいど》は一種《いっしゅ》の功利的《こうりてき》手段《しゅだん》となり、唯心論者《ゆいしんろんしゃ》でありながらも、いつの間《ま》にか唯物論者《ゆいぶつろんしゃ》に堕《だ》していることがあるものである。

価値の実現とは心の中にあることを知らねばならない。オスカー・ワイルドのいったように、ロンドンの霧《きり》は詩人《しじん》がこれを詩に表現《ひょうげん》したときに、初《はじ》

頭注版㊳一七一頁

追求　どこまでも追い求めること

唯心論者　世界を構成する根源を精神的なものに求める立場の人

唯物論者　世界を構成する根源は物質であるとする立場の人

オスカー・ワイルド　Oscar Wilde　一八五四〜一九〇〇年。アイルランド出身の詩人、作家、劇作家。耽美的作家として知られる。『獄中記』『サロメ』などの著作がある。本全集第三十一巻「自伝篇」上巻等参照

めてその価値《かち》が実現《じつげん》したのである。それまでにもロンドンの霧《きり》は物質としては存在《そんざい》したのであるが、心がそれを認《みと》めない間《あいだ》は、ロンドンの霧は価値としては存在しなかったのである。

　価値だけが価値《かち》であって、そのほかのものは価値《ねうち》がない。このことが判明《はんめい》したならば、物質《ぶっしつ》そのものを追求《ついきゅう》することは愚《おろ》かなることであることが判《わか》るであろう。吾《われ》らは心の世界《せかい》にさえ価値《かち》を実現すれば好《よ》いのである。価値《かち》は心の世界にのみある。吾《われ》らは愛と美《び》と善《ぜん》と智慧《ちえ》と赦《ゆる》しと寛容《かんよう》と……それらの心の中《なか》の価値《かち》を心の中《なか》に実現しさえすれば好《よ》いのである。

　それは主観的価値《こころだけのかち》のみであって、客観的価値《ものそのもののかち》ではないと考える人《ひと》もあろうが、そうではない。客観《もの》は主観《こころ》の投影《かげ》であるから、主観《しゅかん》が成就《じょうじゅ》したら必《かなら》ず客観《かっかん》が成就するのである。主観《しゅかん》の価値《かち》が成就しないで、客観《ものだけ》の成功《せいこう》を希《こいねが》うものは、やがて土崩瓦解《どほうがかい》してしまうのである。

土崩瓦解　『史記』「始皇本紀」にある言葉。物事が根底から崩れて手のつけようのないさま

十二月十四日

静かに省《かえり》みて、心が喜《よろこ》べるのが成功《せいこう》である。心に疚《やま》しい何物《なにもの》かが感《かん》じられる限《かぎ》りは、まだ心の世界《せかい》に価値《かち》が成就《じょうじゅ》していない。たといそれが形《かたち》の世界で成功したように見えていようとも、それは砂《すな》の上に建てられたる楼閣《ろうかく》の如《ごと》きものである。

ただ価値のみが価値である。人《ひと》の世《よ》に何《なに》かためになることを成《な》すこと。それは物質的《ぶっしつてき》に残るべき何物《なにもの》でなくとも好《よ》い。それを措《お》いて成功はない。本当《ほんとう》の成功は、偶然《ぐうぜん》でも僥倖《ぎょうこう》でもない。吾々《われわれ》の心の中《なか》に把持《はじ》されたる決《けつ》意《い》であり、決意の持続《じぞく》である。それは偶然とか僥倖《ぎょうこう》とかいうものによって左右《さゆう》されるような他動的《たどうてき》なものではない。それは今《いま》、自《みずか》らが決意したとき得《え》られるのである。

頭注版㊳一七二頁

楼閣 高い立派な建物。「砂上の楼閣」は基礎がもろくて長く維持できないことや実現不可能なことのたとえ

僥倖 思いがけない幸運

把持 しっかりと持つこと

他動的 自らの意志によらず他からはたらきかけられるさま

十二月十五日

決意《けつい》、心の世界《せかい》に於《お》ける素描《そびょう》、その素描《そびょう》の上に絵具《えのぐ》を塗《ぬ》る実行《じっこう》、それは絵《え》師《かき》だけのことではない。人生《じんせい》の画布《カンバス》の上に実生活《じっせいかつ》の絵を描《えが》くところの人間《にんげん》の一生《いっしょう》もそれである。

真《しん》に富者《ふうじゃ》となるには、「われ既《すで》に富《と》めり」の素描《そびょう》を心の中《なか》に描《えが》き、それを実践《じっせん》に移《うつ》さなければならぬ。しかし富《とみ》とは果《はた》して何《なん》であるか。

富とは決《けっ》して物質《ぶっしつ》の所有《しょゆう》ではないのである。多くの人《ひと》たちは富とは物質の所有であり、物質を所有することによって生活《せいかつ》の安全感《あんぜんかん》と優越感《ゆうえつかん》とを確保《かくほ》し得《う》るもののように誤解《ごかい》しているのであるけれども、物質はそれを所有すればする程《ほど》、生活の安全感は失われるのである。如何《いか》にしてこの所有を減《へ》らさずに保存《ほぞん》しようかということは、物質の所有者《しょゆうしゃ》に絶《た》えざる不安《ふあん》を与えるのである。さればキリストは、「富《と》める者《もの》の天国《てんごく》（最大《さいだい》の安全感ある場所《ばしょ》）に入《い》るこ

頭注版㊳一七三頁

素描　下絵を単色の線で書くこと。デッサン

「富める者の…」『新約聖書』「マタイ伝」第十九章、「マルコ伝」第十章、「ルカ伝」第十八章にあるキリストの言葉

との難《かた》きこと駱駝《らくだ》の針《はり》の孔《あな》を通《とお》るが如《ごと》し」といったのである。真《しん》の富《とみ》はもっと精神的又《せいしんてきまた》は霊的《れいてき》なものであるのである。鑑賞《かんしょう》する力《ちから》の多き者《もの》は真《しん》に富《と》める者ということが出来《でき》るのである。山肌《やまはだ》の美しさ、蒼空《あおぞら》に漂《ただよ》う白雲《はくうん》の美しさ、路傍《ろぼう》に咲く一本の草花《くさばな》の美しさ、小鳥の囀《さえず》りの美しさ……挙《あ》ぐれば限《かぎ》りなく豊富《ほうふ》なる美しさが到《いた》る処《ところ》に満《み》ちているのである。

それは預金帳《よきんちょう》や小切手《こぎって》や金庫《きんこ》の中《なか》で数えられる富《とみ》や、大邸宅《だいていたく》とその附属《ふぞく》庭園《ていえん》で見られる如《ごと》き有限《ゆうげん》なる狭《せま》き美しさではないのである。何《なに》よりも富とは外界《がいかい》の物質《ぶっしつ》そのものではなく、そこから引出《ひきだ》し来《く》る悦《よろこ》びの豊富、美《び》の感受能《かんじゅのう》力《りょく》、鑑賞力《かんしょうりょく》の豊富さであることを知らねばならないのである。猫《ねこ》や犬に活《い》け花《ばな》の美《び》や、彫刻《ちょうこく》の美《び》や、絵画《かいが》の美《び》や、山脈《やまなみ》の曲線《きょくせん》の美しさや、樹々《きぎ》の緑《みどり》したたる美しさはわからない。彼《かれ》らには美《び》の感受能力乏《とぼ》しきがゆえに、無限《むげん》に豊富なる美《び》の宝庫《ほうこ》の中《なか》に入《い》れられていてさえも、そこから美《び》を汲《く》み出《だ》すことを知らず、ただ腐肉《ふにく》や、魚《さかな》の骨《ほね》をさがし求め争《あらそ》うているのである。しかるに

鑑賞　芸術作品などを味わうこと

路傍　道ばた

腐肉　くさった肉

あたかも万物《ばんぶつ》の霊長《れいちょう》であり、神の最高顕現《さいこうけんげん》なる人間《にんげん》が、この豊富《ほうふ》なる美《び》の宝庫《ほうこ》なる人生《じんせい》に生《うま》れながら、腐肉《ふにく》を追い、魚骨《さかなのあら》を探《さが》しもとめる犬猫《いぬねこ》の如《ごと》く、ただ固定《こてい》した一塊《ひとかたまり》の札束《さつたば》や、物質的富《ぶっしつてきとみ》のみを求めるならば、それは人間として与えられたる至高《しこう》の特権《とっけん》を拋棄《ほうき》せるものといわなければならないのである。しかし吾《われ》らは決《けっ》して、物質的富を排斥《はいせき》するものではないのである。精神的《せいしんてき》にして霊的《れいてき》なる富が我《われ》らにゆたかにひらかれるならば、必《かなら》ずきまって物質的富はおのずから、その反影《はんえい》として整《ととの》うのである。これに反《はん》して物質的富の中《なか》には必ずしも精神的霊的なる富はひらかれない。あまりに物質の所有《しょゆう》欲《よく》に心が捉《とら》えられるとき心は物質にしばられて他《た》の豊《ゆた》かなる美《び》を鑑賞《かんしょう》する暇《ひま》と能力《のうりょく》とを失ってしまうからである。真《しん》に富《と》まんと欲《ほっ》するものは先《ま》ず霊的精神的なる富を得《え》なければならぬのである。

決意《けつい》、素描《そびょう》、実行《じっこう》――これは心が形《かたち》の世界《せかい》に顕《あらわ》れる三《みっ》つの要素《ようそ》である。

万物の霊長　儒教の四書五経の一書『書経』にある言葉。天地間のすべてのものの中で最もすぐれたもの。人間
あら　魚などの肉のよい部分を使った残りの骨や頭
至高　この上なく高くすぐれたさま

十二月十六日

決意《けつい》だけではまだ本物《ほんもの》ではない。信念《しんねん》を伴《ともな》った決意でなければならぬ。「実相《じっそう》を観《かん》ずる歌」は吾《われ》らの決意と信念を語るものだ。

「われ祈《いの》れば天地応《てんちこた》え、
われ動けば宇宙《うちゅう》動く。」

天地応《こた》え、宇宙動く決意こそ吾《わ》がものでなければならぬ。

頭注版㊳一七五頁

「実相を観ずる歌」『生長の家』誌昭和八年六月号に発表された詩。本全集第十四巻の巻頭に収録。江藤輝によって作曲され、生長の家の聖歌となった。楽譜は『生長の家』誌昭和十一年九月号に発表された

十二月十七日

恐怖《きょうふ》というものは誤解《ごかい》の上に築《きず》かれている。およそ恐怖すべきものは実相には無《な》いのである。

人《ひと》は困難《こんなん》を恐怖するが、困難がどれだけ吾等《われら》を高め上げてくれるものであるか、その困難の功績《こうせき》を知らない者《もの》が多いのである。もし、困難の功績とい

頭注版㊳一七五頁

功績 すぐれた働きや成果

うものを、吾等《われら》が知ることが出来《でき》るならば、吾々《われわれ》は困難《こんなん》を苦痛《くつう》と感《かん》じなくなるであろうし、困難に対《たい》して恐怖《きょうふ》を感じなくなるであろう。困難と苦痛とは異《ちが》うのである。困難を苦痛と感ずるのは唯誤解《ただごかい》に因《もとづ》いている。困難は時《とき》としては立派《りっぱ》な遺産《いさん》を置いて行《い》ってくれるものなのである。

十二月十八日

およそ一切《いっさい》のものには存在《そんざい》の意義《いぎ》がある。その人《ひと》にとって不必要《ふひつよう》なものは存在しないのである。況《いわ》んや困難に意義が無《な》いなどというはずはない。与えられたものをその存在の意義そのままに受取《うけと》ろうとしないとき、そこに苦痛は起《おこ》り、悲哀《ひあい》が感じられるのである。

私は或《あ》る日《ひ》、鳩《はと》が板の上に卵《たまご》を生《う》んで抱卵《ほうらん》に困《こま》っている有様《ありさま》を見て、その卵を巣皿《すざら》の中《なか》に入れてやったら、慣《な》れない鳩はその巣皿を怪《あや》しいものと思い、「不幸《ふこう》」が見舞《みま》ったと思い、その卵の抱卵の期《き》を失ってしまったこと

頭注版㊳一七六頁

況んや　まして

悲哀　悲しくあわれなこと

抱卵　鳥類が卵を抱えて温めること

巣皿　飼鳥の巣で皿の形をしたもの

がある。板の上に卵《たまご》を生んだ鳩《はと》にとっては、そこへ巣皿《すざら》が現《あらわ》れたということは、却《かえ》って救《すく》いの手であったのだが、彼《かれ》はそれを誤解《ごかい》し、恐怖《きょうふ》し、与えられたものを素直《すなお》に受けようとせず、苦痛《くつう》を感《かん》じ、呪詛《じゅそ》を感じ、そして自己《じこ》と自己の子孫《しそん》の運命《うんめい》を腐敗《ふはい》せしめてしまったのであった。

困難《こんなん》を恐《おそ》れる人間《にんげん》も、この鳩の如《ごと》きものである。すべて恐怖は誤解の上に成立《なりた》つのである。静かに受けて、与えられた意義《いぎ》を見出《みいだ》せば、その人《ひと》にとってそれは或《あるい》は運命向上《うんめいこうじょう》の、或《あるい》は人格向上《じんかくこうじょう》の、或《あるい》は一層健康《いっそうけんこう》となるための素《そ》材《ざい》であるはずのものがどんなにか多いことであろう。

十二月十九日

避《さ》けようと思えば苦痛が来る。そのまま受けて全力《ぜんりょく》を尽《つく》そうと決意《けつい》すれば苦痛はやわらぐ。そのまま受けることが天意《てんい》に協《かな》うことであるのが、これによっても判《わか》るのである。

呪詛　特定の人や物事を憎んでのろうこと

頭注版㊳一七七頁

天意　天の意志。神のこころ

進んで、巣皿《すざら》の中《なか》に飛《と》び込《こ》んで行《ゆ》くものは、自分《じぶん》も保護《ほご》され、自分の子も保護されるのである。

頭注版㊳一七七頁

十二月二十日

この世《よ》はままならぬと思う者《もの》には、まことにこの世はままならぬ世界《せかい》である。これに反《はん》して、この世は思う通《とお》りになる世界だと思う者には、まことにこの世は思う通りになる世界である。環境《かんきょう》は人間《にんげん》に支配《しはい》されると思う者には、環境は人間に支配されるが、人間は環境に支配されると思う者には、環境は頑《がん》としてその人《ひと》の上に暴君的力《ぼうくんてきちから》を揮《ふる》うであろう。そのこと自身《じしん》が環境は自分の思う通りのものであることを表《あらわ》している。

暴君　人々を虐げて苦しめる君主。転じて、横暴で自分勝手な人

頭注版㊳一七八頁

十二月二十一日

今日《きょう》は郡馬県群馬郡久留馬村《ぐんまけんぐんまぐんくるめむら》の誌友《しゆう》五十嵐傳太郎《いがらしでんたろう》さんが本部道場《ほんぶどうじょう》に来て

話された実話《じつわ》を書き止めておく。好《よ》い心境《しんきょう》である。そのまま素直《すなお》に受けている、拝《おが》んで受けている。素直に受けているところに災害《さいがい》が災害でなくなり、拝んで育てているところに、蚕《かいこ》が未曾有《みぞう》の成績《せいせき》を挙《あ》げた話である。

「私《わたくし》は昭和《しょうわ》九年《ねん》以来《いらい》生長《せいちょう》の家《いえ》のお導《みちび》きを戴《いただ》きまして、色々《いろいろ》奇蹟《きせき》のお蔭《かげ》を受けております。昨年《さくねん》以来しばらく御無沙汰《ごぶさた》しておりましたが、昨日《きのう》はどうも谷口先生《たにぐちせんせい》に御礼《おれい》を申《もう》さなければならないような気がしまして、朝一番《ばん》で参《まい》りまして、昨日《きのう》お礼申上《もうしあ》げようと思いましたが、他《ほか》の方《かた》のお礼の言葉がありましたので、遠慮致《えんりょいた》しましてつい今日《きょう》に延《の》びました。

実《じつ》は私《わたくし》は一時《いちじ》中気《ちゅうき》といいますか、脳溢血《のういっけつ》をやりまして、それから中耳炎《ちゅうじえん》と、喘息《ぜんそく》はこれは親伝来《おやでんらい》の遺伝《いでん》だというやつで、いつもゼーゼーいって寒い時《とき》はほとんど自転車《じてんしゃ》にも乗らず、外出《がいしゅつ》もしなかったのですが、昭和九年、谷口先生のお山に伺《うかが》って、色々《いろいろ》お話を承《うけたまわ》りましてからは、もうそのことは

蚕　養蚕
未曾有の成績　ここでは、いまだかつてないほど多くの繭がとれたこと

中気　本書一三四頁「中風」に同じ
脳溢血　脳の血管が破れ、脳内に血液が溢れ出る疾患
中耳炎　耳の鼓膜の奥(中耳)に菌が入り膿がたまって炎症を起こす疾患
喘息　気管支の炎症の慢性化で咳などの症状をきたす疾患
お山　著者の東京移転後の自宅の愛称

全然《ぜんぜん》忘れてしもうて、冬でも、前橋《まえばし》で誌友会《しゆうかい》がありますので、そこへ行《ゆ》く時《とき》はどんな寒中《かんちゅう》でもいつも自転車《じてんしゃ》を飛ばします。そうして帰りはどんなに遅《おそ》くなっても必《かなら》ず自転車で帰ります。或時《あるとき》『上毛新聞《じょうもうしんぶん》』社長《しゃちょう》の篠原《しのはら》さんが『そんな乱暴《らんぼう》な事《こと》をして、あんたはいいかもしれんけれども、もしもの事があったら、あなたを当《あ》てにして喜《よろこ》んであつまる人《ひと》を困《こま》らせはしないか、そういう事にならぬよう自動車賃《じどうしゃちん》ぐらいははずむから、誌友会の日は自動車で来たらどうか』という忠告《ちゅうこく》を受けたくらいでありますが、それでもかつて怪我《けが》というものをした事がありません。ところがこの十五夜《じゅうごや》の晩《ばん》に、夕方前《ゆうがたまえ》橋《ばし》に出ていい気持《きもち》で帰って来て、宅《たく》のつい近くまで来ますと、県道《けんどう》の岸《きし》が少し崖《がけ》になっております。そこに蚕《かいこ》を飼《か》う桑《くわ》がたくさん植えてあります。そこの先《さき》の方《ほう》に子供《こども》が多勢《おおぜい》で遊んでおりましたから、それを避《さ》けようと思って、避けようとした瞬間《しゅんかん》、どうしたものか、ずーんとその川縁《かわぶち》から中《なか》へ飛込《とびこ》んでしまったのです。一丈《じょう》ぐらいある所《ところ》なんです。ところがその刹那《せつな》の心境《しんきょう》が

『上毛新聞』 明治二十年に篠原叶が群馬県前橋市で創刊した日刊新聞。『群馬日報』と『上野新報』とが合併して改称した

はずむ 金品を気前よく与える。奮発する

一丈 尺貫法の長さの単位。約三・〇三メートル。一〇尺

刹那 瞬間

実《じつ》に私《わたくし》は有難《ありがた》いと思うのです。普通《ふつう》ならば『ああしまった！』と考えるところでしょうが、その考えが『ああ神の子だ』というような有難《ありがた》い気がして、ふわふわと何《なに》か神の力《ちから》に支《ささ》えられながら落ちて行《ゆ》くような気がした、ちょうどそこは桑《くわ》の切株《きりかぶ》が竹槍《たけやり》を立てたようにズラリと尖《とが》っておって実《じつ》に怖《こわ》いようなのです。その中《なか》へ自転車《じてんしゃ》でずっと落ち込んだ。その刹那《せつな》、こうやって（両《りょう》手《て》を浮身《うきみ》のように伸《のば》す）ふわふわと『ああ神の子だ！』という気がして別《べつ》に何《なん》にも慌《あわ》てないで落著《おちつ》いていましたところが、子供《こども》が『小父《おじ》さんが落ちた、小父《おじ》さんが落ちた』というので、見ますと、成程《なるほど》落ちています。荷物《にもつ》も何《なに》もそのまま、どこも怪我《けが》もありません。子供に引上《ひきあ》げられて、手伝《てつだ》ってもらってようやく上《あが》って来ましたが、どこを調べてみましても、どこもどうもなっていないのであります。この服《ふく》を着ておりましたが、どこも洋服屋《ようふくや》さんの世話《せわ》にならなければならないような所《ところ》もなくて帰って来ました。実に尊《とうと》い。私《わたくし》は自分《じぶん》の怪我《けが》をしなかったというような事《こと》が尊いんじゃない、その落ちる

浮身　仰向けになって水面に静止して浮く方法

刹那に『しまった!』とか『大変だ!』とかいう感じがなしに、唯ふわふわと『神の子だ!』というような感じで、そこに落ちて行った。これが有難いのです。これは何《なん》であろうか、長く先生《せんせい》のお導《みちび》きを戴《いただ》いております事《こと》によってこういう気持《きもち》になる事が出来《でき》たんだろう、帰りまして早速《さっそく》神想観《しんそうかん》をし、私《わたくし》を最初《さいしょ》に導《みちび》いて下《くだ》さいました福島《ふくしま》博《ひろし》先生《せんせい》にお会いしまして、こういうわけで今日《きょう》こそ実《じつ》に有難《ありがた》い体験《たいけん》をしました、有難《ありがた》くて仕方《しかた》がないといって私《わたくし》はお話《はなし》したのであります。すると福島《ふくしま》さんは『この間《あいだ》からあなたは色々《いろいろ》とお蔭《かげ》を受けていられる。早くから蚕《かいこ》をしても、人《ひと》は外《はず》すというのに、あなたは安く桑《くわ》を買って、誰《たれ》も豊作《ほうさく》したという人はない今年《ことし》に、いつもよりも一割《わり》以上《いじょう》も成績《せいせき》をあげていながら、それで谷口先生《たにぐちせんせい》にお礼《れい》に行《ゆ》かないから、谷口先生にお礼に行《ゆ》くように神様《かみさま》がそうさせたんじゃないか、早く行《い》っていらっしゃい』というので、実《じつ》はこの度《たび》上京《じょうきょう》して来たような始末《しまつ》であります。大体《だいたい》私《わたくし》は蚕《かいこ》の事は幾《いく》らか知っておりましたが、今日《こんにち》まで五十年間《ねんかん》蚕《かいこ》に従事《じゅうじ》して

福島博先生　本全集第八巻「聖霊篇」上巻第三章、第三十巻「宗教問答篇」下巻第九章、第三十五巻「経典篇」上巻第三章参照

外す　機会をのがす

おりますが、お導《みちび》きを戴《いただ》きましてから四、五年《ねん》この方《かた》、蚕《かいこ》は必《かなら》ずうまく行《ゆ》くものであるという確信《かくしん》を持たせて戴いております。それは皆《みな》さんは見られた事《こと》もないような方《かた》が多いから簡単《かんたん》に申《もう》しますが、一体蚕《いったいかいこ》というものは字で書いてみると、天《てん》の虫とか、天の日《ひ》の虫とか書いてあります。それで呼《よ》び方《かた》にも『お蚕《かいこ》』といって必ず『お』の字をつけます。或《あるい》はお蚕さんといい、桑《くわ》をあげるとこういいます。そういうくらいで何《なに》か神様《かみさま》との縁故《えんこ》があるように考えられています。そうして蚕《かいこ》をよくするためにあちらのお寺、こちらの神様とお詣《まい》りしてあるきます。それが本当《ほんとう》の信心《しんじん》なら結構《けっこう》でありますが、あちらこちらと諸方《しょほう》の神仏《しんぶつ》を渡《わた》り歩《ある》く心持《こころもち》の中《なか》にはつまり確信がない、確信を持っておらないからあちらの神様を拝《おが》みながらそれを信じ切れずこちらの仏様《ほとけさま》を拝む、そういうふうに少しもそこに固《かた》い信念《しんねん》がないから常《つね》に動揺《どうよう》しておって、自分《じぶん》の『蚕《かいこ》は必ず豊作《ほうさく》である』などという確信がございません。その証拠《しょうこ》に『蚕《かいこ》が当る』などという事を申しています。一体『当《あた》る』とい

お導き　ここでは生長の家の教えに触れたこと

天の日の虫　常用漢字「蚕」は本書執筆当時の字体では「蠶」等と書き、「天」の部分と「虫」の部分との中間に「日」があった

縁故　よしみ。つながり

う事《こと》は『外《はず》れる』という事がその半面《はんめん》にあるので、蚕《かいこ》がよく出来《でき》るのは運《うん》であって確信《かくしん》がないのです。ところが私《わたくし》が教《おし》えに入《はい》って蚕《かいこ》というものに信仰《しんこう》をもって、本当《ほんとう》に『お蚕《かいこ》さん』として『あなたは立派《りっぱ》なお蚕《かいこ》さん』としてその仏性《ぶっしょう》神性《しんせい》を拝《おが》むようにして行《い》ったところが、当《あた》り外《はず》れがなくなってしまった。お蔭《かげ》さまで、蚕《かいこ》の飼育《しいく》についでは自分程《じぶんほど》の確信を持っている人《ひと》は他《ほか》にあるまいというくらいの信念《しんねん》をもって働《はたら》かせて戴《いただ》くようになりました。お蚕《かいこ》さん位《くらい》、飼《か》う人の精神波動《せいしんはどう》を強く感受《かんじゅ》するものはありません。疑《うたが》えば疑うほどしか出来ないし、心配《しんぱい》すれば心配するだけの結果《けっか》になるし、信ずれば信ずるだけの結果になるのです……」

五十嵐《いがらし》さんの場合《ばあい》は机上《きじょう》の空論《くうろん》ではなく、実際飼育上《じっさいしいくじょう》の成績《せいせき》であるから、それが尊《とうと》い事だと思う。

仏性　内在する仏としての本性
神性　神の子である本性

机上の空論　観念的で実際の役に立たない考えや理論

十二月二十二日

某市《ぼうし》の市議《しぎ》であったが疑獄《ぎごく》のため検束《けんそく》されていたR氏《し》が道場《どうじょう》へ来て私の講義《こうぎ》のあとで起上《たちあが》って次のような話をされた。その話はオスカー・ワイルドの獄中《ごくちゅう》に於《お》ける転身《てんしん》と極《きわ》めてよく似《に》ているので頗《すこぶ》る興味《きょうみ》ある話である。

「私《わたくし》は一昨日生長《さくじつせいちょう》の家本部《いえほんぶ》を訪《おとず》れまして、この道場へ初《はじ》めて坐《すわ》らせて戴《いただ》いたものであります。ここで皆《みな》さんに一言体験《ごんたいけん》を申上《もうしあ》げたい衝動《しょうどう》に駆《か》られまして突然起《とつぜんた》ったのであります。しかし別《べつ》に自分《じぶん》には何《なん》ら深い体験という程《ほど》のものはありませんのですが、甚《はなは》だ恥《はず》かしいお話でありますが少しばかり申上《もうしあ》げたいと思います。

「私《わたくし》はこの福岡市《ふくおかし》のものでありまして、この生長の家に由縁《ゆかり》をもった事《こと》は簡単《かんたん》に申《もう》しますと、一昨年《さくねん》の五月《がつ》に市会議員《しかいぎいん》の選挙《せんきょ》がありました時《とき》に立候補《りっこうほ》

頭注版㊳一八二頁

疑獄 政治問題化した利権関係の事件の総称

検束 警察官が一時的に人の身体の自由を拘束し、連行して留置すること。旧行政執行法に規定されていたが同法は昭和二十三年に廃止された

由縁 つながり。関係

しまして、私《わたくし》の先生《せんせい》をしていた方《かた》が私《わたくし》の応援弁士《おうえんべんし》となって働《はたら》いて下《くだ》さいました。幸《さいわい》にして私《わたくし》は中位《ちゅうい》で当選《とうせん》しました。私《わたくし》はその当時生長《とうじせいちょう》の家《いえ》の誌友《しゆう》になれという事《こと》をその先生からいわれたのでありますが、雑誌《ざっし》の名前《なまえ》を見た事もなかったので、実《じつ》はあまり関心《かんしん》を持っていなかったのであります。それから後《のち》一年《ねん》を過《す》ぎまして最近《さいきん》までも関心は持っていなかったのであります。ちょうど六月《がつ》の二十六日《にち》だったと思いますが、突然《とつぜん》に福岡市《ふくおかし》に非常《ひじょう》な嵐《あらし》がまき起《おこ》りまして、というのは市長選挙《しちょうせんきょ》に絡《から》みまして大疑獄事件《だいぎごくじけん》が展開《てんかい》したのであります。実は私《わたくし》は恥《はず》かしながらその疑獄事件に連坐《れんざ》しまして、尤《もっと》もほとんど全部《ぜんぶ》の福岡市の市会議員《しかいぎいん》はそれにひっかかったのでありまして、前市《ぜんし》長《ちょう》、現市長《げんしちょう》、その他《た》ほとんど上層階級《じょうそうかいきゅう》のものが全部ぶち込《こ》まれたのでありまして、実は私《わたくし》は唯今保釈《ただいまほしゃく》中《ちゅう》で御礼《おれい》に上《あが》ったのであります。私《わたくし》が特《とく》に皆《みな》様《さま》に申上《もうしあ》げたい事は私《わたくし》は七月の末《すえ》に未決《みけつ》にほうり込まれたのですが、そこに入《はい》っておりますと、何《なに》もしないで朝から晩《ばん》まで唯《ただ》ものを考えるだけであり

弁士　演説や講演などをする人

連坐　他人の犯罪の連帯責任を問われて罰せられること

保釈　未決勾留中の被告人を、保証金を納めさせて釈放すること

未決　未決監。刑が確定する前の被疑者や被告を拘禁する施設。拘置所や警察の留置場

ます。どうも魂《たましい》の慰《なぐさ》めがありません。そこで突然《とつぜん》ふと思い出しましたのが前々《まえまえ》から私《わたくし》の先生《せんせい》に勧《すす》められていた『生命《せいめい》の實相《じっそう》』であります。これの差《さし》入《いれ》を頼《たの》んだところ直《ただ》ちに入《い》れてくれました。段々《だんだん》読んでみますうちに、自分《じぶん》の生活《せいかつ》に本当《ほんとう》の嬉《うれ》しさというものを見つけ出すにはどうしたらいいかという事《こと》の谷口先生《たにぐちせんせい》のお話が載《の》っておりました。それは『人《ひと》を喜《よろこ》ばせる事が結局《けっきょく》自分の喜びである』とこういうような事が書いてありました。私《わたくし》は初《はじ》めなぐり読みしていたのですが、それが非常《ひじょう》に胸《むね》に応《こた》えました。あそこに入《はい》ると食べ物には差支《さしつかえ》ありませんが、唯自由《ただじゆう》を束縛《そくばく》されている、魂《たましい》の糧《かて》に飢《う》えている。そういう中《なか》でこの『他《ひと》を喜ばせる事が自分の喜びである』という事を知らされたのであります。色々《いろいろ》考えてみますと、髙島米峰《たかしまべいほう》さんの話が載っている本や、その他《た》の宗教《しゅうきょう》の本なんかも読んだのですが、総《すべ》てが娑婆《しゃば》にある時《とき》の事が書いてあって、娑婆《しゃば》以外《いがい》で歓《よろこ》びを見出《みいだ》すことは書いてない――あそこは娑婆《しゃば》じゃないんです――私《わたくし》はあそこに入《はい》っている時《とき》にはどうかしてこの

髙島米峰さん　明治八～昭和二十四年。新潟県生まれ。仏教学者。社会教育家。東洋大学学長。既成仏教主義を批判して新仏教を唱えた。廃娼、禁酒、貧民救済などの運動にも携わった。著書『聖徳太子正伝』は皇室に献上された

娑婆　自由を束縛された人々から見た、外の一般の人の自由な世界

生活《せいかつ》を、今《いま》のこの獄中生活《ごくちゅうせいかつ》を、もっと喜《よろこ》びをもって生きられる道《みち》はないものかと考えたのであります。今時間《じかん》がありませんから、早く申上《もうしあ》げますが、なんとかして自分《じぶん》の魂《たましい》に慰《なぐさ》めを与える事《こと》は出来《でき》ないものだろうかと思いました。あそこに入《い》れられると、囚人《しゅうじん》が、私共《わたしども》は未決《みけつ》ですが、刑《けい》が決定《けってい》した囚人は雑役《ざつえき》をやらせられています。それが表《おもて》の方《ほう》に扉《とびら》がありまして、そこに小さい窓《まど》がありますが、それをぴたっと堰《せ》いたり開《あ》けたりする。そこから水を入《い》れたりお茶を入れたりするのですが、それがどうも大体《だいたい》ああいう所《ところ》に入《はい》る囚人というものは非常《ひじょう》に心が乱暴《らんぼう》でありまして、入《はい》っている者《もの》に対《たい》してどうも深切《しんせつ》でありません。勿論深切気《もちろんしんせつぎ》のある人《ひと》なんかそういう所には入《はい》らないのですが、ともかく深切でないのです。その雑役《ざつえき》の囚人がお茶を持って来ます。それから水を持って来ますが、水がとても大事《だいじ》です。二升《しょう》五合《ごう》ばかり入《はい》る甕《かめ》があるんですが、それがどうかしますと足らないのです。一《ひと》つの監房《かんぼう》に於《お》ける一日《にち》の使用量《しようりょう》が二升五合で中々尊《なかなかとうと》いんです。中々《なかなか》尊い

雑役　雑多な仕事

堰く　せきとめる。ここでは窓を閉める意

二升五合　約四・五リットル

監房　刑務所や拘置所などで受刑者・被疑者・被告人等を入れておく部屋。監獄法の改廃に伴って現在は「居室」と言う

んですから少し足りない事《こと》があると、貴様《きさま》がこぼすんじゃないか、といって興奮《こうふん》して怒《おこ》るんです。みんな悪い事した人《ひと》が入《はい》っているのですからどうもこうも仕様《しよう》がないんです。そうして怒《おこ》られると怒られた人は非常《ひじょう》に苦しい、朝から非常に気持《きもち》が悪いんです。いわゆる精神《せいしん》の慰《なぐさ》めというものがないから――そこで私《わたくし》は、これは何《なん》とかして一《ひと》つ自分《じぶん》を嬉《うれ》しい気持《きもち》にしてみたい、折角生長《せっかくせいちょう》の家《いえ》の本を読ませて戴《いただ》いたんだからというので、考えましてこれは一つお礼《れい》をいってみよう、そう思いついたのであります。一日に三べんも四へんも雑役《ざつえき》の囚人《しゅうじん》が来る。それは、そういう時《とき》には運動《うんどう》が不足《ふそく》ですから食後《しょくご》の薬《くすり》を貰《もら》ったりします。そんな薬を貰うとか水とかお茶とか貰いますときに、その囚人に対《たい》して試《こころ》みに『どうも有難《ありがと》う』というてお礼をいってみたのです。お礼をいうと、最初《さいしょ》囚人は『ふん』といって、『なんだこの野郎《やろう》』といったような顔《かお》をするんです。始《はじ》めは悲観《ひかん》しましたね、『こんな奴《やつ》にお礼をいってみる私は余程《よほど》どうかしている、もう止《や》めようか』と思ったりしたのですが、『生命《せいめい》の實相《じっそう》』には『立対《たちむか》う人《ひと》の態度《たいど》は自分《じぶん》の心の影《かげ》』と書いてある。今迄《いままで》私《わたくし》は増上慢《ぞうじょうまん》といいますか、ともかく自分では市会議員《しかいぎいん》だなんて傲慢《ごうまん》な気持《きもち》があったのでしょう。その傲慢なこちらの気が相手《あいて》に映《うつ》って『何《なに》だこの野郎《やろう》』というのだと気がついて、お礼《れい》を続けていっている中《うち》には良《よ》くなるに違《ちが》いない、『生命《せいめい》の實相《じっそう》』を読んでいる者《もの》がそれじゃいかんと思いまして、雑役囚《ざつえきしゅう》が何《なに》か持って来てくれる度《たび》に『やアどうも有難《ありがと》う、御苦労《ごくろう》さん』といって声《こえ》をかけます。私《わたくし》は三十三号《ごう》でありましたが、その御礼《おれい》をいうことが、二日三日四日《ふつかみっかよっか》となると自然《しぜん》と異《ちが》って来ました。今度《こんど》は向《むこ》うから『やア御退屈《ごたいくつ》でしょう、あんた市会議員さんですか。』こう向《むこ》うから心安《こころやす》く声をかけてくれるようになりました。あそこでは水が実《じつ》に欲《ほ》しい所《ところ》ですが、殊《こと》に夏の七月《がつ》から八月の一番暑《ばんあつ》い盛《さか》りですから、そういう時《とき》に向《むこ》うの方《ほう》から方々《ほうぼう》一ぺんぐるっと各監房《かくかんぼう》へ配水《はいすい》しに廻《まわ》った後《あと》で余《あま》った水をわざわざ持って来て『Rさん要《い》りませんか』と深切《しんせつ》に持って来てくれるよ

増上慢　おごり高ぶっていばること

うになりました。初《はじ》めはぽんぽんいっていた人達《ひとたち》が、今度《こんど》は看守《かんしゅ》の人《ひと》までが『Rさん、あなたこれは実際《じっさい》の話ですがあなたは人格者《じんかくしゃ》ですネ』こういうのです。『あなたは中々社会《なかなかしゃかい》の為《ため》にお尽《つく》しになっているそうで』とこういう。そう尽《つく》しもしないのですが、そういわれると又嬉《またうれ》しくなるのです。『いや、どうも有難《ありがと》う、そんな事《こと》いわれると恐縮《きょうしゅく》ですよ。』こんな返事《へんじ》をする。監房《かんぼう》は監房でも鬼《おに》は一人《ひとり》もいない仏様《ほとけさま》ばかりの世界《せかい》と化《か》した。それが私《わたくし》には嬉しくて嬉しくて堪《たま》らないんです。平生《へいぜい》ですと看守とかなんとかいうものは『なんだあんなものは人間《にんげん》の屑《くず》』だぐらいに思っていたのですが、それがああいう所《ところ》に行《い》ってみると却《かえ》って期待《きたい》もしなかったああいう人達《ひとたち》から慰《なぐさ》めの言葉をかけられる――この嬉しさというものは非常《ひじょう》なものです。私《わたくし》は初《はじ》めて生長《せいちょう》の家《いえ》の教《おし》えというものが如何《いか》に偉大《いだい》なものであるかという事《こと》をはっきり認識《にんしき》したのであります。『人を喜《よろこ》ばせる事が自分《じぶん》の喜びである』という『生命《せいめい》の實相《じっそう》』の教えが、本当《ほんとう》に分《わか》って来たように思います。この気持《きもち》で

看守　囚人や未決囚などの監督や警備にあたる人

平生　ふだん

一《ひと》つ社会《しゃかい》に立って行《ゆ》こうと、こういう決心《けっしん》を私は未決監《みけつかん》の中《なか》で持つようになったのであります。従《したが》って私は未決監に入《はい》ったという事《こと》が、私《わたくし》の人生《じんせい》、将来《しょうらい》にとってどのくらい好《よ》い事を教《おし》えてくれたか知れないと感謝《かんしゃ》しているのです。私の裁判《さいばん》はこれから公判《こうはん》をやるのですが、判決《はんけつ》がどうあろうともそんな事の悔《く》いは少しもありません。私は人生《じんせい》の最高《さいこう》の真理《しんり》を把《つか》んだという気がするのです。これ迄《まで》のようなやるせないというような気持《きもち》は微塵《みじん》もありません。実《じつ》は家内《かない》を伴《つ》れて一つ東京《とうきょう》に行《い》って見物《けんぶつ》でもして来ようじゃないかというので、この四日《よっか》から来ておりますが、ちょうど子供《こども》が拓殖大学《たくしょくだいがく》に行《い》っておりますから、その後《ご》の事情《じじょう》を見る旁《かたがた》上京《じょうきょう》して参《まい》ったのでありますが、あそこに入《はい》っている中《うち》に、私《わたくし》はまだ生長《せいちょう》の家《いえ》の神想観《しんそうかん》というものは我流《がりゅう》で、唯《ただ》あの招神歌《かみよびうた》を誦《しょう》しまして、その間《かん》、色《いろ》んな奇蹟《きせき》に逢《あ》うた事がたくさんあるのですけれども、本日《ほんじつ》は時間《じかん》がありませんから申述《もうしの》べませんが、ともかく私《わたくし》の気持《きもち》が、そういう一大事件《いちだいじけん》に出会《でく》わしても尚且《なおかつ》、非常《ひじょう》に朗《ほが》らか

やるせない　思いを晴らす場がなく、どうしようもない

拓殖大学　東京都文京区の私立大学。明治三十三年に桂太郎が台湾協会学校として創立した。日本統治時代の外地に赴く人材を輩出した。数度の校名の変遷を経て昭和二十七年に拓殖大学の校名に復した

旁　物事をするその一方で

我流　自分独自の勝手なやり方。自己流

招神歌　神想観の時に唱える、神を称えて想う和歌四首。この歌とともに神想観が始まる

であって、今日《こんにち》も唯々御礼《ただただおんれい》に参上《さんじょう》したのですが、あまりに嬉《うれ》しいので発作《ほっさ》的《てき》にここに立ち上《あが》って、皆《みな》さんにこんなつまらない、恥《はず》かしい事《こと》を申上《もうしあ》げるという気持《きもち》になった事で、如何《いか》に私《わたくし》が救《すく》われて喜《よろこ》んでいるかという事を御《ご》想像願《そうぞうねが》いたいと思います。私《わたくし》がああいう所《ところ》に入《はい》りましてさえも、尚且《なおかつ》自分《じぶん》の心に幸福《こうふく》を感《かん》ずる道《みち》を発見《はっけん》した。これから社会《しゃかい》に出れば総《すべ》ての社会生活《しゃかいせいかつ》の上にそれを実行《じっこう》したい。電車《でんしゃ》に乗っても、そこにお婆《ばあ》さんが立っている、自分の席《せき》を開《あ》けて掛《か》けてもらう、あのニッコリとして『有難《ありがと》う』というあの喜びの顔《かお》を見る時《とき》、私共《わたしども》は帰って晩寝《ばんね》る迄《まで》それが忘れられない程《ほど》の嬉しい印《いん》象《しょう》を受ける事と思います。日常茶飯事《にちじょうさはんじ》のすべてにそういう喜びを見出《みいだ》して行《ゆ》く、到《いた》るところに天国《てんごく》が見出《みいだ》せるということが判《わか》りました……」道場《どうじょう》に集《あつ》まっている人達《ひとたち》は感極《かんきわ》まって拍手《はくしゅ》した。歔欷《すすりな》いている婦人《ふじん》もあった。そうだ、天国は到る処《ところ》に見出《みいだ》せるのだ。

日常茶飯事　日常の普通のこと。ありふれたこと

十二月二十三日

私の『光明《こうみょう》の生活法《せいかつほう》』の本の携帯版《けいたいばん》が気持《きもち》の好《よ》い形《かたち》で、そんなどぎつい装飾《そうしょく》もなしに、例《たと》えば夜《よる》しずかに降《お》りて万物《ばんぶつ》を霑《うるお》してくれる夜露《よつゆ》のように質素《しっそ》な、そして典雅《てんが》な形で出た。常《つね》にこの書《しょ》を携帯《けいたい》して一々《いちいち》その生活法通《どお》り実行《じっこう》する者《もの》は幸《さいわ》いである。

この生活法を常に実行している者は常に健康《けんこう》であるに相違《そうい》ない。不健康《ふけんこう》とは、生活が不健康であり、思いが不健康であることの反映《はんえい》であるに過《す》ぎない。人間《にんげん》の実相《そのまま》は健康であるのが当然《とうぜん》であるからである。

私は『光明の生活法』の中《なか》で就寝前《しゅうしんぜん》の十五分間《ふんかん》の神想観《しんそうかん》の方法《ほうほう》を説《と》いておいたが、それを病気《びょうき》の治癒《ちゆ》に応用《おうよう》する場合《ばあい》に特《とく》に注意《ちゅうい》すべきことは、就《しゅう》寝前《しんぜん》に、その日、又《また》はそれまでの日に於《おい》て呪《のろ》っていた人々《ひとびと》を釈《ゆる》し、憤《いきどお》っていた人々を宥《ゆる》し、憎《にく》んでいた人々を恕《ゆる》し、自分《じぶん》の好《この》まない人《ひと》たち、反感《はんかん》ある

頭注版㊳一八八頁

『光明の生活法』 昭和十年に光明思想普及会より初版発行。『生命の實相』全集「生活篇」がこの書名でも発売された。携帯に適した大きさのもの等の各種各版が出版されている

携帯版 ここでは昭和十三年から十五年にかけて発行された全二十巻の文庫本大の叢書中の『光明の生活法』を指す。『生命の實相』全集の内容がテーマごとに再構成されている。各巻の巻末に聖経『甘露の法雨』が収録されている

典雅 整っていて上品なさま

人《ひと》たちとその過失《かしつ》とを悉《ことごと》く赦《ゆる》して眠《ねむ》ることとである。

眠《ねむ》っている間《あいだ》に最《もっと》も多く癒《いや》しの神力《しんりょく》(自然療能《しぜんりょうのう》)は進行《しんこう》するのである。

「私はもうあの人を憎《にく》んでいない。」

あの人があの時《とき》ああいう態度《たいど》に出たことは、却《かえ》って私にとって必要《ひつよう》なことだったのである。私が彼《かれ》を憎んでいたのは、私の観察眼《かんさつがん》が狭《せま》いために、あの人があゝいう態度に出たことを、自分《じぶん》に害《がい》があるように思って思《おも》い違《ちが》いしていたに過《す》ぎないのである。本当《ほんとう》はあの人があゝしてくれたので、私のためになったのである。私はあの人に感謝《かんしゃ》する。何某《なにがし》よ、私はあなたに感謝する、本当に感謝する。私はあなたに感謝し、あなたを祝福《しゅくふく》するものである。有《あり》難《がと》うございます。有難《ありがと》うございます。

こう、精神《せいしん》を静かに調《とと》のえながら、繰返《くりかえ》し繰返し念《ねん》じて、全《まった》き平和《へいわ》の心境《しんきょう》に達《たっ》した時寝《ね》てしまうのである。一日《にち》の最後《さいご》の時間《じかん》を赦《ゆる》しと感謝とで満《み》たすこと、それは健康《けんこう》に重大《じゅうだい》な関係《かんけい》があるのであるが、健康に関係がなくと

自然療能 人間に備わっている、自ら病気を治す力

も、それはそのままで有《あ》りがたいことではないか。

寝床《ねどこ》に入《い》れば、直《す》ぐ次の如《ごと》く念《ねん》じて感謝《かんしゃ》の中《うち》に熟睡《じゅくすい》に入《い》るべきである――「枕《まくら》よ、有難《ありがと》う。寝床よ、有難《ありがと》う。蒲団《ふとん》よ、有難《ありがと》う。寝巻《ねまき》よ、有難《ありがと》う。空気《くうき》よ、有難《ありがと》う、……」と何《なん》でも周囲《しゅうい》に見出《みいだ》され、思《おも》い浮《うか》べられる全《すべ》てのものに感謝の言葉を心のうちで唱《とな》えながら眠《ねむ》りに入《い》るのである。こうすれば不眠症《ふみんしょう》の人《ひと》でも直《ただ》ちに熟睡に入《い》ることが出来《でき》るものである。

十二月二十四日

就寝前《しゅうしんぜん》に人々《ひとびと》を全《すべ》て赦《ゆる》し、全《すべ》てのものに感謝し、すべての過去《かこ》を謝《さ》った後《のち》に、新生活《しんせいかつ》に目覚《めざ》めたる今朝《けさ》のすがすがしさよ。

それこそ新しき天地《てんち》の始《はじ》まりである。

「旧《ふる》き天と地とは過ぎ去れり、自分《じぶん》に過去は無《な》いのである。今《いま》が新生《しんせい》である。新しき神の生命《いのち》が天降《あまくだ》ったのである。」こう唱《とな》えつつ吸《す》う息と共《とも》に自分に流《なが》れ入《い》る神の生命《いのち》を思《おも》い浮《うか》べつつ「私《わたくし》は罪《つみ》なき神の子である。すでに浄《きよ》まれる者《もの》である。神の健康《けんこう》なる生命《いのち》、神の喜《よろこ》びに満《み》ちた生命《いのち》が私である。私は喜びそのものである。私は幸福《こうふく》そのものである。私は健康《けんこう》そのものである」と繰返《くりかえ》し念《ねん》ずるのである。これは新天新地《しんてんしんち》を心の中《なか》に呼《よ》び覚《さ》ます神想観《しんそうかん》である。

朝眼《め》が覚《さ》めたとき寝床《ねどこ》の中《なか》で仰臥《ぎょうが》のままこう念《ねん》じようと思っても心が統一《とういつ》し難《がた》いものである。覚《さ》めかかると同時《どうじ》に寝床の上に正坐合掌《せいざがっしょう》して、直《ただち》に神《しん》想観《そうかん》に取りかかり前述《ぜんじゅつ》のように念《ねん》ずるのが好《よ》いのである。寒い時《とき》には、褞袍《どてら》でも用意《ようい》しておいて、すぐそれを寝巻《ねまき》の上に羽織《はお》って神想観《しんそうかん》を行《おこな》うが好《よ》い。

仰臥　仰向けに寝ること

褞袍　大きめに仕立てて厚い綿を入れた防寒用・寝具用の着物

十二月二十五日

憎《にく》みを考えるものではない。話題《わだい》をそういう問題《もんだい》から常《つね》に避《さ》けるようにしなければならぬ。常に、愛のことを、深切《しんせつ》のことを、心に残る後味《あとあじ》の好《よ》いこ

頭注版㊳一九一頁

とを考えるようにしなければならぬ。ピシリと相手《あいて》を遣《や》っ附《つ》けても、そのあとで心が後味《あとあじ》の悪さで苦しむようでは、その人《ひと》は相手に負けているのである。勝つとは、後味《あとあじ》までも歓《よろこ》べることである。

十二月二十六日

不幸《ふこう》、災厄《さいやく》、病気《びょうき》……悉《ことごと》く心に描《えが》かれた観念《かんねん》が具象化《ぐしょうか》するのであるから、不幸を喞《かこ》つなかれ、災厄《さいやく》を呟《つぶや》くなかれ、病気を愬《うった》えるなかれ。不幸来《きた》る毎《ごと》に、災厄来《さいやくきた》る毎《ごと》に、病気が来《きた》る毎《ごと》に、その反対《はんたい》の幸福《こうふく》を語れ、祥益《しょうえき》を語れ、健康《けんこう》を語れ。既《すで》にかく幸福で祥益《しょうえき》と健康とにめぐまれていると念《ねん》ぜよ——それが実現《じつげん》するために完全《かんぜん》なる智慧《ちえ》が流入《りゅうにゅう》し来《きた》ると念《ねん》ぜよ。

自己《じこ》が不幸を、災厄《さいやく》を、病気を語らないばかりでなく、他《た》の人々《ひとびと》がかかる事《こと》を語る時《とき》に聴《き》き手《て》になってはならぬ。

頭注版㊳一九二頁

災厄　思いがけない不幸なできごと。わざわい
喞つ　境遇などをなげいて、愚痴を言うこと
愬える　訴える
祥益　幸運なごりやく

もし聴《き》き手《て》になったならば、あなたは自己《じこ》に、不幸災厄《ふこうさいやく》病気《びょうき》に対《たい》して無《む》防禦《ぼうぎょ》に扉《とびら》をひらいたといわなければならないであろう。

そんな時《とき》に最《もっと》も好《よ》いことは、ツンと澄《す》まして相手《あいて》との調和《ちょうわ》を悪くすることではなく、話題《わだい》を転《てん》ずることである。

無防禦　自分の身を守ろうとする意思や姿勢がないさま

十二月二十七日

善《よ》き話題——

彼《かれ》はこんな深切《しんせつ》なことをした。

彼はこんなに向上《こうじょう》した。

自分《じぶん》はこんなに楽しいのだ。

自分は近頃大変健康《ちかごろたいへんけんこう》だ。（まだ現象的《げんしょうてき》には健康になり切っていなくとも好《よ》い、こう話すのだ。）

自分の従事《じゅうじ》する事業《じぎょう》は益々《ますます》栄えて行《ゆ》きつつある。

頭注版㊳一九三頁

その他何《ほかなん》でも、進歩《しんぽ》、繁栄《はんえい》、向上《こうじょう》、元気《げんき》、光明《こうみょう》、健康《けんこう》の雰囲気《ふんいき》を伴《ともな》うことが話題《わだい》として最《もっと》も好《よ》いのである。しかし顧《かえり》みよ、如何《いか》に人《ひと》が相寄《あいよ》れば他人《たにん》の悪口《あっこう》や不幸《ふこう》ばかりを口にしていたかを。これでは人生《じんせい》に不幸な人が多かったのも不思議《ふしぎ》はない。

欠点《けってん》を見出《みいだ》して責《せ》めるのが今迄《いままで》の教育法《きょういくほう》であった。生長《せいちょう》の家《いえ》が出現《しゅつげん》して全《まった》く教育がその全貌《ぜんぼう》を変化《へんか》したのである。ただ児童《じどう》を、社員《しゃいん》を、店員《てんいん》を、賞《ほ》めることだけによって、児童が、社員が、店員が、改善《かいぜん》されて行《ゆ》くという不思議な事実《じじつ》を――吾等《われら》の同志《どうし》は既《すで》に不思議でもなく実行《じっこう》しつつあるのである。

しかしそれをまだ対他的《たいたてき》教育法《きょういくほう》だとのみ思っていて、自分自身《じぶんじしん》の健康法《けんこうほう》だと思っていない人の多いことは事実である。それは教育法であるばかりではなく、実《じつ》に健康法なのである。

他《ひと》を赦《ゆる》さぬことは、「自分《じぶん》の心」を赦《ゆる》さぬことである。他《ひと》の欠点を見つけ

対他的　他者に対しての

ることは、「自分《じぶん》の心」を不快《ふかい》で塗《ぬ》りつぶすことである。

「峻厳《しゅんげん》なる寛容《かんよう》」こそその人《ひと》の魂《たましい》の進歩《しんぽ》を物語《ものがた》るものである。断《た》ち切《き》るべきは断ち切り、棄《す》て切るべきは棄《す》て切り、而《しか》して青天白日《せいてんはくじつ》の如《ごと》くカラリと明《めい》朗《ろう》に心の中《なか》に一点《てん》の雲もないようでなければならない。

いつまでも他《ひと》の欠点《けってん》を見ながら、それをいい現《あらわ》すことも出来《でき》ないで、常《つね》にグジグジ心の中《なか》で思《おも》い煩《わずら》っている者《もの》は、自分自身《じぶんじしん》を切《き》り虐《さいな》んでいる者であると共《とも》に、相手《あいて》からも見くびられて尊厳《そんげん》を失墜《しっつい》するものである。

十二月二十八日

「勝てる」という自信《じしん》は好《よ》いが、「負けまい」という焦躁《しょうそう》は自分自身を殺すものである。「勝てる」という自信はその人を寛大《かんだい》にし、「負けまい」という焦躁は人に難癖《なんくせ》をつけて不条理《ふじょうり》に蹂躙《ふみにじ》ろうとする。

難癖《なんくせ》をつける——心は、一方《いっぽう》に相手《あいて》の立派《りっぱ》さを認《みと》めながら、それを強《し》い

峻厳　おごそかできびしいさま
而して　そうして
青天白日　青く晴れ渡った天気のように心にくもりがないこと
尊厳　尊くおごそかなこと
失墜　地位や名誉などを失うこと
頭注版㊳一九四頁
焦燥　あせって落ち着かないこと

て逆《ぎゃく》に蹂躙《ふみにじ》ろうとするのであるから、その人《ひと》の心中《しんちゅう》は自己葛藤《じこかっとう》に満《み》たされる。自己葛藤は自己自信《じこじしん》を粉砕《ふんさい》し、自己《じこ》の人格《じんかく》を低卑《ていひ》にし、自己の健康《けんこう》を傷《きずつ》ける。この場合《ばあい》、人格の低卑《ていひ》と健康の不良《ふりょう》とは同意義《どういぎ》である。

十二月二十九日

人々《ひとびと》よ、今日《きょう》から他《ひと》に難癖《なんくせ》をつける習慣《しゅうかん》を止《や》めようではないか。あなたがもし他《ひと》に難癖《なんくせ》をつける習慣を改《あらた》めるならば、あなたの周囲《しゅうい》がきっと前《まえ》よりも一層輝《いっそうかがや》き出《だ》すだろう。世界《せかい》が明るくなるであろう。人々もあなたに又難癖《またなんくせ》をつけることを止《や》めるであろう。世界が広々《ひろびろ》とした海濶明朗《かいかつめいろう》な世界となるであろう。全体《ぜんたい》があなたを祝福《しゅくふく》し、あなたは今《いま》よりも幸福《こうふく》になるであろう。

呟《つぶや》く歌や悲しむ歌を雑誌《ざっし》などに書いている人を見る毎《ごと》に、私はその人を可《か》哀相《わいそう》に思わずにはいられないのである。到《いた》る処《ところ》に眼《め》を開《ひら》けば光《ひかり》が充《み》ち満《み》ちて

自己葛藤　自分の中で相反する考えがもつれ合うこと
低卑　品性が低くいやしいこと

頭注版㊳一九五頁

海濶明朗　広い海のように心が広く明るいさま。「天空海闊」の熟語で広く使われる

いるではないか。

観終《かんおわ》り東《ひんがし》の空を見てありき燃《も》ゆるが如《ごと》く雲流れけり

太陽《たいよう》も大空《おおぞら》も樹《き》も雲も鳥もすべて生きてあり生かされてあり

十二月三十日

健康《けんこう》が心の中《なか》にあるのみではなく、財福《ざいふく》もその人《ひと》の心の中《なか》にあるのである。

親分《おやぶん》の心になる事《こと》が、自分自身《じぶんじしん》の運命《うんめい》を親分にまで推《お》し進《すす》める。いつまでも子分《こぶん》の根性《こんじょう》で功《こう》を同僚《どうりょう》の間《あいだ》で争い、眼《め》を偸《ぬす》んで安《やす》らかさを希《こいねが》っているようなことでは、その人の運命はいつまでも子分であるであろう。

親分の心の最大《さいだい》なるものは、神の心である。すべてを恕《ゆる》し、すべてのものに太陽の如《ごと》く照《て》り、温《あたた》め、みずからは光線《こうせん》と温熱《おんねつ》と生命《せいめい》とを投げ出すのみで、敢《あえ》てみずからは求めぬのが神心《かみごころ》。

観　ここでは神想観を指す

頭注版㊳一九六頁

太陽《たいよう》の心。太陽の心。これが親分《おやぶん》の心である。かくの如《ごと》き人《ひと》はよく衆《しゅう》を率《ひき》い大《おお》いに伸《の》びるのである。

十二月三十一日

本年最後《ほんねんさいご》の決意《けつい》の日である。新しき天《てん》と地《ち》とを迎《むか》えるために潔《きよ》むべき日である。家《いえ》を潔《きよ》め、心を潔《きよ》め、新しき花嫁《はなよめ》の装《よそお》いをした「真理《キリスト》」が釈迦《しゃか》が、その人の中《なか》に天降《あまくだ》って来ても、その「真理《しんり》」の坐《すわ》り場所《ばしょ》がないような不潔《ふけつ》なことをしておいてはならない。毎日《まいにち》の眠《ねむ》る前《まえ》の神想観《しんそうかん》に、新しき次の日を迎えるべく、すべての人とその罪《つみ》とを赦《ゆる》したと念《ねん》じ、更《さら》にその人に愛を送り祝《しゅく》福《ふく》を送ったと同じように、今夜《こんや》は眠るまえに一切《いっさい》の人々《ひとびと》を赦《ゆる》し、一切の人々に感謝《かんしゃ》し、一切の事物《じぶつ》に感謝し、感謝の念《ねん》で心の中《なか》の汚《けが》れを洗《あら》い浄《きよ》め、愛と祝福の念《ねん》で、心の中《なか》を美しく装飾《そうしょく》して、いつでも新しき「生命《せいめい》」の、新しき「真理《しんり》」の花嫁が天降《あまくだ》って来ても招《しょう》じ得《え》られるように魂《たましい》の準備《じゅんび》をして眠ろ

頭注版㊳一九六頁

う。

人々《ひとびと》よ、安《やす》らかであれ、吾《われ》はすべての人々に感謝《かんしゃ》する。よく戦《たたか》ってくれた。よく働《はたら》いてくれた。あなた達《たち》が居《い》てくれたので私の生活《せいかつ》が光栄《こうえい》あるものとなったのである。雷霆《らいてい》も、暴風《ぼうふう》も、山雨《さんう》も、地震《じしん》も、海嘯《かいしょう》も、それは私を高めるためのものでしかなかったのである。吾《わ》れ、一切人《いっさいじん》、万事万物《ばんじばんぶつ》に感謝する。人々よ、平安《へいあん》なれ。

雷霆　はげしい雷
山雨　山に降る雨。山から降ってくる雨
海嘯　津波のこと

新編《しんぺん》 生命《せいめい》の實相《じっそう》 第六十一巻 幸福篇《こうふくへん》
日輪《にちりん》めぐる(下)

令和六年四月五日 初版発行

著　者 谷口雅春《たにぐちまさはる》

責任編集 公益財団法人 生長の家社会事業団
谷口雅春著作編纂委員会

発行者 白水春人

発行所 株式会社 光明思想社
〒一〇三—〇〇〇四
東京都中央区東日本橋二—二七—九 初音森ビル10F
電話〇三—五八二九—六五八一
郵便振替〇〇一二〇—六—五〇三〇二八

装　幀 松本 桂
本文組版 ショービ
印刷・製本 ＴＯＰＰＡＮ株式会社
カバー・扉彫刻 服部仁郎作「神像」©Iwao Hattori,1954

ISBN978-4-86700-052-6

第六十一巻索引

＊頻度の多い項目は、その項目を定義、説明している箇所を主に抽出した。
＊関連する項目は→で参照を促した。
＊一つの項目に複数の索引項目がある場合は、一部例外を除き、一つの項目にのみ頁数を入れ、他の項目には→のみを入れ、矢印で示された項目で頁数を確認できるよう促した。(例　「神の光」「真理の生活」等)

〔あ〕

愛　12,13,15,16,18,52,69,72,120,127,139,166,173
—と寛容の精神　→精神
—と敬虔との心　→こころ
—と祝福の念　→念
—なき心　73
—に背く心　70
—念　→愛念
—の霊光　→霊光
(内在の)神の(無限の)—　11,12,13,15,16,19,71
神の「生命」と「—」　→神
神の智慧と—と生命　→神
神の無限の—と赦し　→赦(ゆる)し
真の—　126
天地の—　51
汝の—の乏しきこと　71
万物に対する「—」　52
無我の—でささげたる奉仕　→無我
無限(絶対)の—　13,77
愛念　12,13
「—」の欠乏　→欠乏
明るさ　23
悪　12,22,41,69,77,90,92
—の存在　42
すべての—と病気　77
人の—　121
他(ひと)の旧(ふる)き—　91
(万(よろず)の)悪事災難　85
悪人　69,78
値い　127
当前(あたりまえ)(の事)　60
悪口(あっこう)　51,90
他人の—　169
ひと(人、他)の—　90,92
争い　53
—の因(もと)　135
あらわれ(顕在)の世界　19
有難さ　62
手段としての「—」　62
方法としての「—」　62
利益(りやく)が得られたからの「—」　62
「不当有」(あるべからざるもの)　68　→不当有(ふとうう)
憐れみの感じ　16
(心理学的)暗示療法　116

〔い〕

イエス　17,37,53,100,125　→キリスト
—の教え　18
医学
新しい本当の—　106
現代の—　115,117
物質—の解釈　109　→便秘
(郡馬県群馬郡久留馬村の誌友)五十嵐(傳太郎)さん　147,153
怒り　69,70,127　→愛に背く心
(或る人に対する)憤り(や憎(にくし)

み） 115
「イザヤ書」（第二十章十五―十六節）
76
石川啄木（式の人生観） 22
石丸梧平氏 106
医者 78
—の言葉の暴力 116
不用意なる—の診断 116
市岡中学校時代（の同窓のひとり） 54
→森下君
一業（いちぎょう） 21
一人—（いちにんいちぎょう） 21
いつわり（虚偽） 71
（親伝来の）遺伝 148
井上源藏さん 134,137
いのち（命、生命） 47,50,83,100
「—（理念）」 47
（新しき、自分に流れ入る）神の—
81,111,165
神の健康なる— 166
神の喜びに満ちた— 166
大切な— 60
人間の— 85
仏の— 51
またき— 80
祈り 41,42,43
—の言葉 40
—求めるもの 39
神に通ずる— 128
この精神状態に達し得ない—や思
念 42 →自療力
癒しの神力（自然療能） 164
癒す力
無限の—（に接触する道） 41
医療 116
因果応報（の法則） 17

〔う〕

ウィーン 113
上杉謙信（・武田信玄の川中島に於け
る一騎討） 130
（大）宇宙 6,16,17,41,43,144
—動く決意 →決意
—精神の（高次、低次） 101
「—」全体 108 →顔面
—的な創造力 →創造力
—の意識的な創造の中心 108
→自己
—の終始一貫せる法則 17
—の生命 →生命
—の大自療力（に触れるところの道）
→自療力
—の法則の一貫不動性 16
人間という—精神の最高顕現たる生
物 →人間
嬉しさ 160
運 153
運命 23
—向上 146
—ラジオ 38
自己と自己の子孫の— 146
自分（自身）の— 22,172
その人の— 172

〔え〕

英国 55
英米 55
エデンの楽園 73
エホバ 73

〔お〕

おいめ（負債） 5,7
—ある者 5
—というものの観念 7
一切の— 9
我らの— 5
往相精進の行（ぎょう） 37
お蔭 151
「—」（神からの供給） 7
あの人の— 6
奇蹟の— 148
オスカー・ワイルド 138

—の獄中に於ける転身 154
良人(おっと) 64,108
後妻とその—との感情 →感情
御筆先(おふでさき) 99
(思、想)い 163
人間の心の— →こころ
一つの「実相」の— 40
百万の「虚」の— →虚
「想うもの」 32
親子 136
恩 127
—を忘れる者 127

〔か〕

「我」(が) 131
—の意見 93
カール・メニンジャー(博士) 106
—著『人間の心』 78
我意(がい) 137
外界 36 →内界
—(現象界) 36
—の物質 →物質
現象界の処理の仕方(—) →現象界
(お)蚕(さん) 148,149,151,152,153
—というもの 152
—の事 151
—の飼育 153
立派な— 153
科学者 115
—の心の内 99 →原子爆弾
現在の— 115
覚体 50,51,52
影
心の— →こころのかげ
内容の— 96 →かたち
「認識の形式」の上に投影されたる— 35
過去
—に縛られるということ 33
—の経験 33
—の人間 33
—の波動 34
かたち(形) 59,89,96,98,110
—にあらわす(具象化)の力 38
—の世界(に顕れる三つの要素) 140,143 →形、素描、実行
一定の— 99
吾々の想念する通りの— 8
価値 139,140
—あるもの 138
—の実現 138
心の中の— →こころ
主観の— 139
肉体を超えて永存する— 72
無限— →無限価値
無限の—あるもの 72 →愛
ものそのものの(客観的)— 139
悲しみ 115
「もう死んでしまいたい」などという— 105
金(かね) 14,15,16,76
神(様) 4,8,10,11,12,13,23,24,32,37,49,50,52,53,61,62,63,68,69,71,72,73,75,77,79,80,81,82,88,90,91,93,128,132,151
—から離れた心 →こころ
—御自身のコトバの延長 →ことば
—と偕なる悦び →よろこび
—と汝とを隔てる最も大なる敵 127 →怒り、憎(にく)み
—との縁故 152
—に甘える信仰 →信仰
—に対する恩返し 128
—に対する背反 68 →憎(にく)み
—に通ずる祈り →祈り
(内在の)—の(無限の)愛 →愛
(協同体の意志即ち)—の意志(を行じようとする協同体) 90,91,92,93,95,96
(新しき、自分に流れ入る)—の(いのち、生命(いのち)) →いのち
—の掟(おき)て 116
—の国 →神の国

—の健康なる生命(いのち)
→いのち
—の光明　→光明
「—」の国策線に沿うコトバ
→ことば
—の心　23,50,88,172
—の最高顕現なる人間　→人間
—の栄え　19
—の生活　→生活
—の生命(と「愛」)　16,18
—の属性であるもの　72
—の存在　42
—の義(ただしき)　98
→キリスト
—の智慧(と愛と生命)　23,51,124
—の力　77,150
—の創造(つく)らざるもの　79
—の(つく、創造(つく))り給える世界　77,78
—の中(に生きる生活)　63
—の波長　24
—の発展　49
→真象(しんしょう)
—の光　→光
—の表現　49
→真象(しんしょう)
—の表出口　72
—の稜威(みいつ)の降臨　49
→真象
—のみこころ(御心、聖旨)　71,131
—の無限供給(の世界、の源泉)
→無限供給
—の無限の愛と赦し
→赦(ゆる)し
—の無限の供給　→供給
—の恵み(を確認したる状態)
→恵み
—の「目こぼし」　77
—の有(も)ち給う一切　131
—の世嗣(よつぎ)　61
—の嘉(よみ)したまうところ　49
—の喜びに満ちた生命(いのち)
→いのち
—の霊　→霊
—の霊波　→霊波
—より出ずるもの　72
あちらの—　152
「お蔭」(—からの供給)　→お蔭
真に—を信ずる者　77
唯一つの智慧(—)　→智慧
神心(かみごころ)　172
神の国　98　→キリスト
—に在る一切のもの　99
—の無限供給　20
神の子　9,73,74,75,79,108,111,126,150,151
罪なき—　166
人間完全・—実相　102
「人間」の天爾(てんに)の「—」たる「完全模型」　101
招神歌(かみよびうた)　161
(上杉謙信・武田信玄の)川中島(に於ける一騎討)　130
環境　26,29,147
与えられた—又は境遇　26
自分が与えられた—、又は境遇　26
自分の—(の中心者)　28,128
感謝　6,13,14,52,53,58,61,94,164,165,173,174
—の言葉　165
—の念　53,173
患者　107,115
長生(ながいき)したであろうと思われる—　116
看守　160
癌腫　104
感情
後妻とその良人(おっと)との—　64
他を憎み害せんとする—　107
不快陰鬱なる—　107
寛大　90,97,170
—な心　15
人を容(い)れる—さ　28
監房　160
各—　159
一つの—　157
顔面(の輪郭)　108
寛容　28,139
—精神の欠乏　→欠乏

愛と—の精神　→精神
「峻厳なる—」 170
(聖経)『甘露の法雨』 65

〔き〕

機縁 47
記憶心象 48
(大)機会 112,113
—を捉える事 113
画期的な— 112
時々刻々の— 112
素晴しい幸運がひらけて来る— 112
(大)疑獄事件 155　→福岡
器質的疾患 78
→『精神分析の話』
偽象(ぎしょう) 49　→虚象
「—」なしの意味 50
犠牲 6,7,52
奇蹟 18,60　→イエス
—のお蔭　→お蔭
色んな— 161
帰命(きみょう) 83
(嫉妬の)逆念 64
虚 40,41,49　→「実(じつ)」
—のコトバ　→ことば
「—」の力 40
百万の「—」の想い 40
教育 169
教育法 169
今迄の— 169　→欠点
対他的— 169
(吾々の)教化団体 91
供給
「お蔭」(神からの—)　→お蔭
神の無限の— 8
無限—　→無限供給
無限の— 7,9,13,20
豊かな(る)— 7,10
「供給豊富」(の観念) 8
境遇 26,29
与えられた環境又は—　→環境
自分が与えられた環境、又は—
→環境
自分の住んでいる— 28
その人の周囲にあらわれる出来事や— 28
教師 137
狭心症 110
京都(大学、帝大) 60
協同体 91,95,96
—の意志即ち「神の意志」 95
—の仕事 97
—の世話 95
吾が— 97
吾らの—のこういう習慣 94
吾々の(属している)—(の役員) 92,94,95
恐怖 11,19,69,70,78,107,109,110,115,144,145,146　→愛に背く心
—すべきもの 144
—する念 110
—する者 110
—なき者 82
愛情を失う— 109
金銭の喪失に対する— 109
友を失う— 109
他(ひと)から害される— 110
不要の—心配 116
未来の欠乏の—　→欠乏
虚偽 126,127
虚弱 33
虚象(きょしょう) 49
→偽象(ぎしょう)
キリスト 5,42,74,75,83,88,98,141
—に対するユダヤ人の呪い
→ユダヤ人
—の指し示したところ 74
「真理」(—) 173
金鉱 58
五万分の一の— 58
筋腫 104
筋肉 111

〔く〕

空間(的表象面)　48
薬　44
(相手を軽蔑する悪い)癖　60
苦痛　44,126,145,146
　―からの解放　44
　―な状態　44
　「―の俱嘗(ともなめ)」　126
　―や問題に引っかかっていた心　106
功徳(くどく)　52
　ある程度の―　62
　大生命の海原にそのまま坐している
　　ような大きな―　62
苦難　27
クレダ・レーネル(Cleda Reyner)
　107　→『デーリー・ワード』
郡馬県群馬郡久留馬村(の誌友五十嵐
　傳太郎さん)　147

〔け〕

敬愛　89　→従順
　長上に対する―と従順　89
経済　101
　―苦　125
　多くの肉体及び―界の病人
　　→肉体
軽蔑(の感じ)　16
怪我　149,150
　自分の―　150
血圧　110
決意　141,143,144,146
　―の持続　140
　宇宙動く―　144
　信念を伴った―　144
　吾らの―と信念　144
　吾々の心の中に把持されたる―　140
結果　35
　―であるところの不幸や病気　35
　原因あれば必ず―があるという法則
　　→法則
　「心」の作用の―　→こころ
　自然を征服した―の自然の反逆
　　→自然
血管　110
欠点　4,29,169
　あなたの―　4
　自分(自身(の性格))の―　4,28,29
　他(ひと)の―　169,170
「けつ(尻)の穴の狭い者」　110
欠乏　7,14
　「―」というおもい(観念)　7
　―の感じ　7
　「―」の想念　11,20　→貧乏
　「愛念」の―　11　→貧乏
　「与える心」の―　11　→貧乏
　寛容精神の―　11　→貧乏
　「サービス」の―　11　→貧乏
　「持続力」の―　11　→貧乏
　「誠実」の―　11　→貧乏
　「努力」の―　11　→貧乏
　未来の―の恐怖　20
下痢　109
原因　35
　―あれば必ず結果があるという法則
　　→法則
　―であるところの心の波　35
　―の表現　35
元気　169
健康　39,45,68,69,79,99,101,112,146,163,
　164,166,167,168,169,172
　―と富裕とに祝福されたる自分の姿
　　→自分
　―な自己　→自己
　―になりたい人　68
　―の不良　171
　一時的の―　44
　永続的な―　44
　神の―なる生命(いのち)
　　→いのち
　自己の―　171
　諸君の―　101
　その人の―　68,69
　無限に―なる生命　→生命
健康法　169
　自分自身の―　169

現在意識 33
現実世界 98
原子爆弾 99
現象 49,50
　—世界 38　→現象界
　—の不完全さ 37
　—面 125
　心霊—の(問題、研究)　→心霊
　善き言葉であらわれた— 49
現象界 35,36,37
　—の一切の苦悩 117
　「—の処理の仕方」 36
　—の処理の仕方(外界) 36
　外界(—)　→外界

〔こ〕

孝 72
業(ごう) 33,34
(或る)鉱業会社(の鉱山部の技師) 54
　→森下君
(親々への)孝行 85
鉱山
　—(の)採掘 55,56　→森下君
　—部の部長 56
　良質の— 58
向上 169
剛情なるもの 108
鉱石 60
　—の品質 58
　テストの— 58
行動 22
　時を得ない— 22
幸福 5,8,12,39,124,166,167,171
　—のみによって輝く世界 39
　—を感ずる道 162
高慢 57
　—なるもの 108
傲慢 79
　—な気持 159
　—なこちらの気 159
鉱脈 56
　—透視の霊能 55　→森下君
　—の状態 55
　—の探査法 56
　(協力者という)人間の— 56,60
光明 61,132,169
　—生活の第一歩 127
　神の— 4
　人類—化の公な使命　→人類
光明思想 53,91
　—の普及 97
『光明の生活法』(の本の携帯版) 163
肛門 110
　—に関係した疾患 109
五官 50,51
獄中
　—生活 157
　オスカー・ワイルドの—に於ける転身　→オスカー・ワイルド
極楽 134
こころ(心、念) 8,21,22,23,24,32,33,35,61,72,80,85,86,87,88,99,105,106,108,110,112,139,140,143,157,167,170,173
　—さとき人々 112
　—だけのかち(主観的価値) 139
　「—」という指揮官 105
　—に描いた事 98　→形
　—に描かれた観念 167
　—に残る後味の好いこと 166
　—の中(うち) 115,127
　—の影　→こころのかげ
　「—」の作用の結果 105
　—の状態(の象徴) 107,108
　→肉体
　—の世界(のあらわれ、に於ける素描) 7,36,39,98,139,140,141
　→内界
　—の態度 27
　—の調節 43
　—の中(なか)(の汚れ、の価値) 7,45,105,138,139,141,166,170,172,173
　—の波(で作る原画の世界) 34,35,36,58　→フィルムの世界
　—の働き 99
　—の法則 5,57

—の襤褸(ぼろ)　70
—の持ち方　36
—のわずらい　107
愛と敬虔との—　16
愛なき—　→愛
愛に背く—　→愛
明るい—　24
「与える—」の欠乏　→欠乏
否応(いやおう)なき—　83
拝む(という)—　88,89
拝んでいる(人の)—　88
「幼児(おさなご)の—」　83
親分の—(の最大なるもの)　172,
173　→子分
科学者の—の内　→科学者
神から離れた—　80　→迷(まよい)
神の—　→神
神のみ—(御心、聖旨)　→神
寛大な—　→寛大
帰投の—　83
緊張を解く—　110
苦痛や問題に引っかかっていた—
→苦痛
敬順(けいじゅん)の—　84
ケチな—　15
原因であるところの—の波
→原因
建築家の—の内　99
自己の「—の波」　→自己
自分の—　→自分
自分の—で受け得た分量　→自分
自分の—の調子の調節　→自分
寿命短くなる—　88
諸方の神仏を渡り歩く—持
→神仏
新天新地を—の中に呼び覚ます神想
観　→神想観
人類意識の通念(共通の観念)の中に
あって動かされている個人の—
33
すべての—　110
責める—　8
その人の—(の中(なか))　13,172
「そのまま素直に有難い—」
→そのまま
そのままの—　→そのまま
「損」を気に懸ける—　→損
太陽の—　173
正しい—の持ち方　36
把(つか)む—　110　→恐怖
把(つか)んで放たない—　110
内界の—の持ち方　→内界
汝の—(の中(うち))　71
人間の—の想い　98
人間の—の中につくられている映写
幕　35
値切る—　15
働きを惜しむ—　71
悲観的な暗い—　21
他(ひと)を愛する—　111
他(ひと)を害する—　110
他(ひと)を傷(きずつ)ける—　111
「人を罪する—」　→罪
他(ひと)を釈(ゆる)す—　110
仏を知る—　→仏
み—　49
無病息災延命長寿の—　88
文句なき—　83
ゆたかに愛しゆたかに釈(ゆる)す—
111　→便秘
理を知る—　84
吾(ら、等)の—(のうち)　61
吾々の—の中に把持されたる決意
→決意
こころ(心、主観)のかげ(影、投影)
109,139
自分(自身)の—　13,159
後妻　64,65,66　→先妻
小作人　136
こそ
—という言葉　135
「—」の二字の置き所　134
「—(」)の妙味(」)　134
(一切の)業障(ごっしょう)　33
鼓動　110
ことば(コトバ、言、言葉)　12,38,41,
48,50,82,115,127
—に出す場合　38

—の中(なか)　45
—の暴力　116
悪しき—　49
医者の—の暴力　→医者
祈りの—　→祈り
神御自身の—の延長　49
「神」の国策線に沿う—　49
感謝の—　→感謝
虚の—　49
こそという—　→こそ
実在の中から飛び出して来た—　49
「死」という—　→死
神策に沿わぬ—　49
憎悪をもって語らるる—　126
「父」という—　→「父」
慰めの—　160
烈(はげ)しき語調の—　126
優しき—　126
善き—　38,49
善き—であらわれた現象　→現象
悪い連想を惹起(ひきおこ)す—　86
コトバ(言葉)の力　92,134
善き—　48
この世　147
小早川隆景(の奮戦)　130
子分　172
—の根性　172
困難　27,144,145
—の功績　144
—を恐れる人間　146

〔さ〕

災害　148
サイクロトロン(装置)　103
人造の—　104
精妙なる高級—　104
債権(者)　7,14
自分の—　8
財産(の増殖)　25
妻子　136
災難
万(よろず)の悪事—　→悪事災難
財福　45,172
債務(者)　7,12,14
—のある者　12
—を履行しないこと　8
災厄　167,168
さいわい(福禄)　77
栄えの道　81
幸多き者　82
雑役囚　159
さとり(悟り)　102
—に導く方法　116
その人の守護霊(祖先霊を含む)の—の向上　→守護霊
その人の本霊の—　116
審判(さばき)　71

〔し〕

死　75,79,85,86,87,88,116
「—」という言葉　86
近親者の—　54
市会議員　159
—の選挙　154　→福岡
自壊作用　37
「迷いの—」　→迷い
自覚　50　→神
その人の「—」　50
自我心強きもの　108
時間　111,112,113
「—・空間」　34
—の貴重さ　112
—を空費する者　112
—を殺しつつある者　112
一日の最後の—　164
空費されたる—　112
定められたる(出勤、勤務)—　93,94
「無き—」　114
人間の一生涯の—　→人間
無駄に過される—　112
(某市の)市議　154
直心(じきしん)　83
事業　29
—の成否　25

築き上げた―　25
自分の従事する―　168
自己　108
―葛藤　171
―と―の子孫の運命　→運命
―の健康　→健康
―の「心の波」　101
―の人格　→人格
―の性格　→性格
―の生活　→生活
―の生命　→生命
―の不幸　→不幸
―の本来の貧しさ　→貧しさ
―の理想　→理想
―の理念(の姿)　→理念
―を富ます道　10　→富める者
完全円満万徳具有の「真実の完全―」　45
健康な―　78
「真実の完全―」　45
霊的―　78
地獄　121,134
仕事　89,94,95
―の分量　93
協同体の―　→協同体
一つの―　21
(「勝てる」という)自信　170
死せざるもの　81
自然　63
―を征服した結果の―の反逆　63
慈善(の感じ)　16
自然科学　114
市長選挙　155
「実(じつ)」　40
「―」にある「完全さ」　40
実行　143
素描の上に絵具を塗る―　141
実在　34,35,41,47,52
「―する」(本当にある)ということ　35
―の延長　49
→真象(しんしょう)
―の中から飛び出して来た言葉
→ことば
―の本質　52
「全一」なる―　48
非―　34
(幼児の頭部の)湿疹　108
実相　6,33,40,133,144
―永遠の秩序　6
―健全の姿　125
―の世界　114,117
自分の―の完全さ　102
すべてのものを既に与えられている―　62
「起ちて歩み得る―」　126
人間完全・神の子―　→神の子
人間生命の本質―　106
一つの「―」の想い　→想い
「実相を観ずる歌」　144
嫉妬　53,65,69,70　→愛に背く心
―の逆念　→逆念
嫉妬心　53
失敗(してしまう原因)　11
児童　169
(心霊現象の)自働書記　99
(多くの有力な)指導霊　59
地主　136
思念　6,9,41,42
この精神状態に達し得ない祈りや―
→祈り
「無限供給」の―　→無限供給
(『上毛新聞』社長の)篠原さん　149
(仏の)慈悲　18
自分(自身)　4,5,13,84,111,120,128,129,147,158,168,170
―が与えられた環境、又は境遇
→環境
―から独立せるもの　129
→周囲
―に損をかけた人　→損
―に流れ入る神の生命(いのち)
→いのち
―の運命　→運命
―の思う通りのもの　147　→環境
―の環境の中心者　→環境
―の怪我　→怪我
―(の性格)の欠点　→欠点
―の健康法　→健康法

—の子 147
—の心 24,33,73,162,169,170
—の心で受け得た分量 13 →富
—の心の影 →こころのかげ
—の心の調子の調節 43
—の債権 →債権
—の実相の完全さ →実相
—の周囲 →周囲
—の従事する事業 →事業
—の住んでいる境遇 →境遇
—(自身)の性格 →性格
—の生活 →生活
—の生命 →生命
—の想念 →想念
—の立場 129 →周囲
—の魂(を養う糧) →魂
—の持っている霊能 →霊能
—の喜び →よろこび
—を害した者 6
—を切り虐(さいな)んでいる者 170
健康と富裕とに祝福されたる—の姿 39
雪の如く清浄にせられたる— 4
資本家 136
釈迦 75,173
借金 76
他(ひと)の— 9
(人の)邪念 121
誌友(会) 92,149
—の日 149
郡馬県群馬郡久留馬村の—五十嵐傳太郎さん
→五十嵐傳太郎さん
生長の家の— →生長の家
(自己本来の)「自由」 45
周囲 129
—の味 129
—の事情 129
—を支配する王者となる道 129
自分の— 129
宗教
—の本 156
最善の— 128
真の— 124
文章即— 106 →『生命の實相』
宗教家
—の独占 124
職業— 124
真の—(のつとめ、の使命) 125,126
自由自在 65
—の境地 65
自由思想家 124
執着(しゅうじゃく) 64,86
先妻の—の念 65
地上の事に—している霊 →霊
肉我(にくが)に対する— 87
物に—する意味での貯蓄 20
従順 89
(内に黙々たる)—さ(のある者) 97
長上に対する敬愛と— →敬愛
法則を定めたる上置者に対する—の美徳 →美徳
囚人 157,158
刑が決定した— 157
雑役の— 157,158
舅姑 108
熟睡 165
祝福 10,173
愛と—の念 →念
守護霊
その人の—((祖先霊を含む)の悟りの向上) 116
衆生 83
—の耳 83
一切—に宿る仏性神性
→仏性神性(ぶっしょうしんせい)
呪詛 146
出勤 94
出世 136
受難 26
寿命 85
純潔 17
—(と誠実と)の美徳 →美徳
誠実と—との美徳 →美徳
小我 63
「—」の力み 63
症状 111
(「負けまい」という)焦躁 170

商売 29
　—上の利益 25
　—の損益 25
　—の繁昌　　→繁昌
成仏 65,82,83
『上毛新聞』社長(の篠原さん)　149
招霊 64
食物 109
　同一— 109
自力(じりき)　132
　—の馬 76
(大)自療力
　宇宙の—(に触れるところの道)　42
　不可思議な— 41
　みずからなおすちから(—)
　　→みずからなおすちから(自療力)
白鳩会 92
人格 25,26,112
　—向上 146
　—の完成 25
　—の低卑 171
　自己の— 171
(素直な)心境 108
神経
　—系統(を伝わるところの想念のエネルギー)　102
　—組織 103
　—伝導(されるところのエネルギー)　103
信仰 24,153
　—の高調したる状態　42　　→祈り
　神に甘える— 63
　実現に対する— 98
(近代の)新興物理学 58
真象(しんしょう)　49,50
(本当の)信心 152
神性(しんせい)
　人間に内在する— 59
　仏性—
　　→仏姓神性(ぶっしょうしんせい)
　無限に豊富なる無尽蔵の秘庫(即ち—)　46
人生 17,20,169
　—航路上の遊戯 25
　—の画布(カンバス)　141
　—の苦しみ 53
　—の行路 27,125
　—の最高の真理　　→真理
　豊富なる美の宝庫なる—　　→美
　私の— 161
(石川啄木式の)人生観 22
深切 126,128,166
　—なこと 168
心臓 110
神想観 33,37,52,151,166
　—中 37
　—によって得たる真智 37
　—の最後 53
　「あり難い」情感の— 52
　功利を「念」ずる— 52
　就寝前の十五分間の—の方法 163
　新天新地を心の中に呼び覚ます— 166
　生長の家の—(や聖経の読誦) 116,161
　毎日の眠る前の— 173
「人体」 105
信念 153
　—を伴った決意　　→決意
　固い— 152
　吾らの決意と—　　→決意
心配 115,153
　不要の恐怖—　　→恐怖
神罰(を信ずる者)　77
神仏
　—の加護の波長 18
　諸方の—を渡り歩く心持 152
「神物(しんぶつ)」　18
進歩 169
新芽
　春に出る— 68
　好い— 68
真理 5,53,65,70,71,123,124,126
　「—」(キリスト)　　→キリスト
　—の小冊子 128
　「—」の坐り場所 173
　—の生活 124
　—の法体(ほったい)　82　　→法

―を叙述する話術のうまさ　106
→『生命の實相』
新しき「―」　173
人生の最高の―　161
生長の家の「人間不死」の―
→生長の家
清冽な―の水　70
否定出来ない―　59
法(―)　→法
人類
―意識の通念(共通の観念)の中にあって動かされている個人の心
→こころ
―光明化の公な使命　95
―の生活　17
全―　13
心霊
―研究　57
―現象の(問題、研究、自働書記)　55,99
―方面　57
神話　131

〔す〕

救い　76
健かなるもの　81

〔せ〕

生　124
性格　25,26,28
―の反影(かげ)　28　→境遇
―の種　29
―の強さや円満　25
自己の―　28
自分(自身)の―　28,29
強き―　26
抛(な)げやりの―　23
私の―　28
生活　79,87,91,127,138,163
―条件　14
―の安全感(と優越感)　141
今の―　138
神の―　79,80
神の中に生きる―　→神
光明―の第一歩　→光明
獄中―　→獄中
自己の―　124,127
実―の絵　141
実際―　62
自分の―　156
新―　165
真理の―　→真理
人類の―　→人類
総ての社会―　162
そのままの―(をなし得る人)
→そのまま
地上の―　65
汝の―　127
人間の―　124
武士道に協(かな)った―　87
私の―　174
生活法　163
(『生命の實相』の)「生活篇」の第一章
→『生命の實相』
生活力　116
聖経
―『甘露の法雨』　65
―の読誦(とくじゅ)　116
生長の家の神想観や―の読誦
→生長の家
成功　21,22,23,140
―の一つの要素　21
→一業(いちぎょう)
繁昌―　17
本当の―　25,140
客観(ものだけ)の―　139
唯一の―　138
誠実　17,127
「―」の欠乏　→欠乏
―(と純潔と)の美徳　→美徳
純潔と―との美徳　→美徳
聖者　133
聖書　5,125
精神　24,164

―医　78
―状態　44
―的原型　100,101
「―的存在」　105
「―的模型」の秩序　100
―的(にして)霊的なる―　→富
―の世界　114
―の慰め　158
―を昂揚したる状態　42　→祈り
愛と寛容の―　11
明るい(朗らかな)―　23
宇宙―の(高次、低次)　→宇宙
寛容―の欠乏　→欠乏
この―状態に達し得ない祈りや思念　→祈り
汝の物質―　→物質
人間という宇宙―の最高顕現たる生物　→人間
「美の―的模型」の姿　→美
霊的―的なる―　→富
精神治療　78,116
一切の―の原理　76
精神波動
飼う人の―　153
内部の―のレコード又はフィルム　28　→性格
病気や貧乏の―　35
精神分析
―の研究者　109
フロイド流の―　109
『精神分析の話』　78,108
精神力　21
―の鍛錬　24
―の浪費　24
「贅沢」　122
生長の家　83,86,154,169
―の生き方　59
―の教え　160
―のお導き　148
―の家族　51
―の誌友　155
―の神想観　→神想観
―の神想観や聖経の読誦　116
―の「人間不死」の真理　86
―の本　158
―本部　154
『生長の家』誌(の読者)　51
生徒　137
(すべての)生物　100
(大)生命　33,68,69,95,100,101,172
―ある有機体　100
―なき物質　→物質
「―」に対する背反　69
―の海原にそのまま坐しているような大きな功徳　→功徳(くどく)
―の清水　70
―の力の不可思議さ　100
「―」の一つの特徴　100
―力(せいめいりょく)　15
新しき「―」　173
永遠に渇かない―　74
神の―(と「愛」)　→神
神の智慧と愛と―　→神
君の―　112
自己の―　111
自分の―　112
植物階級の―　101
大宇宙の―　17
どうしても発見し得ない―に必要な或る要素　115
人間―の本質実相　→実相
一つ一つの―　33
無限に健康なる―　10
『生命の實相』　53,70,71,106,156,159
―の教え　160
―のこの巻頭の一行　53
―の「生活篇」の第一章　112　→時間
―を読んだ人　106
(幼児期の)性慾　109
勢力争い　53
脊椎カリエス　116
刹那
―の心境　149
その落ちる―　150
善　41,77,92,139
善意　12

「全一」(ぜんいつ)　47,48　→実在
—なるもの　48
先妻　64
—の噂　66
—の死別　66
—の執着の念　→執着
—の名前　66
—の亡霊の念波の干渉　→念波
—の霊魂(の承諾)　64,65
戦争　32
喘息　148
「全托」(の境地)　132
全智の智勝　102　→大通智勝如来
善人　69,92
善念　12

〔そ〕

僧　83
増上慢　159
創造　48
新たなる—　33
宇宙の意識的な—の中心　→宇宙
創造力
宇宙的な—　40
想念　5,38,45,103,104
—した通りの運動　102
「—」という不可思議体　103
(神経系統を伝わるところの)—のエネルギー　102,103
—の具象化　4
—の中　45
「欠乏」の—　→欠乏
健全なる—の持続したる状態　42　→祈り
自分の—　44
吾々の—する通りの形　→形
祖先霊　116
その人の守護霊(—を含む)の悟りの向上　→守護霊
そのまま　132,133,134,146　→実相
「—素直に有難い心」　83　→生長の家
—の心　16,127
—の生活(をなし得る人)　133　→聖者
人間の—(実相)　163
素描　143
—の上に絵具を塗る実行　141
心の世界に於ける—　141
「われ既に富めり」の—　141
素粒子　103,104
損　6,8
—をかけた(人、者)　7,10
—をかけられた状態　7
「—」を気に懸ける心　8
自分に—をかけた人　9
損失　7,9,13　→損
—を償うだけの力　9

〔た〕

体験　27
魂の向上のために与えられた—　27
大通智勝如来　83,102
大通力(だいつうりき)
自己内在の—　102
全能の—　102
大道寺友山(翁、著『武道初心集』)　86,87
ダイヤモンド　123
—の美　122
一個の高貴な—　121
高島米峰さん(の話)　156
拓殖大学　161
(上杉謙信・)武田信玄(の川中島に於ける一騎討)　130
谷口先生　148,151
—の(お山、お話)　148,156
魂　25,26,27
—の糧(かて)　156
—の(発達)向上　25,132
—の向上のために与えられた体験　→体験
—の準備　173
—の慰め　156

自分の一（を養う糧）　123,157
その人の一の進歩　170
(物理的)探鉱法　56　→鉱脈

〔ち〕

(塵埃(ごもく)の)知恵　57
智慧　15,139
神の一(と愛と生命)　→神
完全なる一　167
唯一つの一(神)　6
地球　16
(十数年間の)蓄膿症　108
「父」　53　→イエス
「一」という言葉　53
「一」に対する無限の情感　53
忠　72
『中外日報』　106　→石丸梧平氏
中気　148
忠孝(の二つの道)　85,86,87
中耳炎　148
(ひとの)中傷　130
中風　134
(豊太閤の)朝鮮征伐　130
調和　37,58
一した平衡(へいこう)　6
一の道　81
一の叡智(みちえ)　81
相手との一　168
(一切の)不一　→不調和
直腸　110

〔つ〕

(全ての)造り主　99
妻　64
前の一　66　→先妻
罪　5,79,116
一なき神の子　→神の子
すべての人とその一　173
「人を一する心」　5

〔て〕

(ユニティ教派の雑誌)『デーリー・ワード』　107
敵　32
癲癇(てんかん)(の発作)　116
天国　83,121,141,162
一浄土　121
電子　103,104
一の流れ　103
「天地創造」　113
転法輪(てんぽうりん)　83
天理教祖　83

〔と〕

ドイツ　55
東京　161
透視　56,59
一及び直感の霊能　→霊能
東北地方　58
東北帝大(出身)　60
時(とき)　22
徳(徳)　84,85
都々逸(どどいつ)　137
→井上源藏さん
富　8,20,21,25,141,142
「一」そのもの　10
一の固定　20
一の道　14
「一を持つこと」そのこと　10
一切の一　8
各人の一　13
真の一　20,142
すべての人の一　13
精神的(にして)霊的なる一　143
物質的一　143
無限供給の一　→無限供給
無限の一の源泉　9
霊的精神的なる一　143
富める者　10,141,142
(未来の)取越し苦労　19
奴隷　129

卑怯な—根性 129
「貪欲」(とんよく) 19

〔な〕

内界 36 →外界
—の心の持ち方 36
内臓 111
仲たがい 107
慰め 157
「何々家先祖代々親類縁者一切之霊」 65
南無(Namah)帰命(きみょう) 83
難癖 170,171
—をつける習慣 171

〔に〕

憎(にくし)み 6
或る人に対する憤りや— →憤り
肉体 25,39,64,65,74,75,86,87,104,105,107,108,109
—それ自身 105
—の倦怠疲労 107
—の状態 44,108 →精神状態
「—の無」 87,88
—を構成する成分 105
—を超えて永存する価値 →価値
多くの—及び経済界の病人 76
「病める—」 104
吾々の—細胞 99
憎(にく)み 53,68,69,70,127,166
日本(精神) 89,107
人間 17,19,25,33,39,44,45,46,50,51,54,59,63,65,73,74,75,79,111,114,116,117,138,147
—完全・神の子実相 →神の子
—生命の本質実相 →実相
—という宇宙精神の最高顕現たる生物 101
—として与えられたる至高の特権 143
—に内在する神性 →神性(しんせい)
—の一面 115
—の一生 141
—の一生涯の時間 111
—の命 →いのち
—の屑 160
—の鉱脈 →鉱脈
—の心の想い →こころ
—の心の中につくられている映写幕 →こころ
—の生活 →生活
—のそのまま(実相) →そのまま
「—」の天爾(てんに)の「神の子」たる「完全模型」 →神の子
—の病気 →病気
—の物質的面 115
過去の— →過去
神の最高顕現なる— 143
協力者という—の鉱脈 →鉱脈
困難を恐れる— →困難
死んだと見える— 75
すべての— 74,126
生長の家の「—不死」の真理 →生長の家
「土の塵の—」 73
物質— 73
本当の—の繁昌 19
((カール・)メニンジャー(の、著))『人間の心』(の下巻) 78,106,109
「認識の形式」 35
忍耐 127

〔ぬ〕

「盗み」 122

〔ね〕

ねうち(値打、価値) 15,139 →価値
あなたの得た物(又は人)の— 15

(正しい)願い　39,40
念　52
　愛―　→愛念
　愛と祝福の―　173
　感謝の―　→感謝
　驚愕の―　107
　恐怖する―　110
　善―　→善念
　先妻の執着の―　→執着
　人の邪―　→邪念
　無限供給の―　→無限供給
念波
　障礙(しょうげ)の―　65
　先妻の亡霊の―の干渉　66

〔の〕

脳溢血　148
脳髄
　―という機械装置　103
　―の知覚面　48
　―より放出される電気的流れ　103
　吾々の―　104
呪い　6

〔は〕

黴菌(ばいきん)　39
(大音楽家)ハイドン　112
排便　110　→便秘
発明　101
鼻
　―の病　108
　―より上位に起る腫物
　　→腫物(はれもの)
「放つ」　110　→「釈(ゆる)す」
母親　108
　―の心持　108
腹立ち　6
腫物(はれもの)　108
　鼻より上位に起る―　108
パン
　―の余り　17　→イエス
　五つの―　17　→イエス
繁栄　7,12,19,22,23,169
繁昌　29
　―成功　17
　商売の―　25
　本当の人間の―　→人間
汎性慾論　109

〔ひ〕

美　139,142
　―の感受能力　142
　「―の精神的模型」の姿　101
　ダイヤモンドの―
　　→ダイヤモンド
　豊富なる―の宝庫なる人生　143
　無限に豊富なる―の宝庫　142
　豊かなる―　143
光　41,61,171
　―の波　34
　神の―　131
　フィルムに描いた―の波動　34
ビタミンB_1　115
　米糠(こめぬか)の―　115
ヒットラー　94
美徳　94
　純潔(と誠実と)の―　17
　誠実(と純潔と)の―　17
　法則を定めたる上置者に対する従順の―　94
人を審判(さば)く者　5
他(ひと)を釈(ゆる)すことの出来ない者　110
人を喜ばせる事　156
皮膚(病)　108,110
病気　32,34,35,36,37,39,64,75,76,79,86,99,106,107,116,117,167,168
　―が治らないで死んだ人　75
　「―になりたい願い」　105
　―の恐るべき名称や今後の帰趨　115
　―の治癒　163
　―や貧乏の精神波動　→精神波動

各部の―　108
結果であるところの不幸や―
→結果
すべての悪と―　→悪
人間の―　79
無数の―　78
霊の故障によって起る―　116
病菌　34
病源体　117
病者
手術に頼る―　76
薬剤に頼る―　76
病人　104,107
脚の立たぬ―　125　→イエス
あらゆる―の心理状態　76
多くの肉体及び経済界の―
→肉体
貧乏　11,14,34,36,39,76
病気や―の精神波動　→精神波動

〔ふ〕

不安　11
絶えざる―　141
フィルム
―に描いた光の波動　→光
―の世界に於ける原画　35
映画の―の複製　35
内部の精神波動のレコード又は―
→精神波動
富者(ふうじゃ)　141
夫婦　136
福岡市　154,155
全部の―の市会議員　155
福島(さん、博先生)　151
不健康　163
不幸　5,6,9,22,27,35,36,39,40,65,145,167,168,169
―な人　169
色々の―災禍　34
外見的な―　113
彼の―　12
結果であるところの―や病気
→結果
自己の―　12
不死　75
武士　85,86,88
―の身命(しんめい)　85
武士道
―に協(かな)った生活　→生活
不調和
一切の―　7
家庭―　125
物質　18,39,52,73,74,99,101,104,105,139,141,143
―医学の解釈　→医学
―状態　138
―そのもの　139
―それ自身の(性質、配列状態)　100,101
―治療　116
―的富　→富
―的なもの　72
―人間　→人間
―の所有(者)　141
―の所有欲　143
―の世界　101,114
―の分解・結合　101
―の分子の排列　100
―(の、的)法則　114
―目的のみの追求者138　→人間
外界の―　142
受動的あらわれなる―　101
生命なき―　100
汝の―精神　71
人間の―的面　→人間
始めから死んでいるところの―　75
複雑なる―機構　107
「病める―」　104　→肉体
仏性神性(ぶっしょうしんせい)　59,153
一切衆生に宿る―　59
「仏物(ぶつもつ)」　18
→「神物(しんぶつ)」
(近代の新興)物理学　58
「不当有」(ふとうう)　68,69
不当有(間違(まちがい))　68

(大道寺友山著)『武道初心集』　86
不平　108
　不足―の心持　108
不眠症(の人)　165
富裕　39
　健康と―とに祝福されたる自分の姿
　　→自分
フランクリン　111
プランシェット　99　→自働書記
憤怒　108

〔へ〕

米国　55
平和(の心境)　164
便通　111
便秘　109,111　→食物

〔ほ〕

法　82,83　→ことば
　―(真理)　82
法悦　62
報恩　14
報酬　16,95
法則　16,94
　―を定めたる上置者に対する従順
　　の美徳　→美徳
　因果応報の―　→因果応報
　動かすべからざる―　16
　宇宙の―の一貫不動性　→宇宙
　宇宙の終始一貫せる―　→宇宙
　原因あれば必ず結果があるという―
　　17　→因果応報
　心の―　→こころ
　物質(の、的)―　→物質
豊太閤(の朝鮮征伐)　130
方便智自在(ほうべんちじざい)　37
「豊富」　8
『法華経』　102　→大通智勝如来
仏(様)　82,83,84
　―と一体になる道　83
　―の生命(いのち)　→いのち
　―の慈悲　→慈悲
　―の本体　83
　―ばかりの世界　160
　―を知る心　84

〔ま〕

前橋　149
「贋(まが)い物」　122
まこと　89
貧しき者　9,10
(自己の本来の)貧しさ　19
間違(まちがい)　68
松山　55,59
　―(高等学校、高校)教授　54,55
　　→森下君
迷(い)　79,80,126
　「―」の具象化　126
　「―の自壊作用」　37
(色々の)迷える人　125

〔み〕

(またき)聖愛(みあい)　82
見える世界　35
見えるということ　35
　→「実在する」(本当にある)という
　　こと
未決監　161
みずからなおすちから(自療力)　41
　→自療力
道　74,83,87
　生きる―　124
　宇宙の大自療力に触れるところの―
　　→自療力
　幸福を感ずる―　→幸福
　栄えの―　→栄えの道
　自己を富ます―　→自己
　周囲を支配する王者となる―
　　→周囲
　忠孝の二つの―　→忠孝

調和の―　→調和
天地の―　87
富の―　→富
仏と一体になる―　→仏
無限の癒す力に接触する―
→癒す力
喜びをもって生きられる―
→喜び
(栄えの、調和の)叡智(みちえ)　81
民族(の理想)　131

〔む〕

無意識　34
無我　83,128,131
―直心(むがじきしん)　84
―の愛でささげたる奉仕　128
無限　33,77
―価値　→無限価値
―供給　→無限供給
―に健康なる生命　→生命
―に豊富なる美の宝庫　→美
―に豊富なる無尽蔵の秘庫(即ち神性)　→神性(しんせい)
―(絶対)の愛　→愛
―の癒す力(に接触する道)
→癒す力
―の価値あるもの　72　→愛
―の供給　→供給
―の富の源泉　→富
神の―の供給　→供給
「父」に対する―の情感
→「父」
無限価値　72
―あるもの　72
無限供給　18,62
「―」の思念　10
―の富　8
―の念　12
神の―(の世界、の源泉)　9,13,14,20
神の国の―　→神の国
無限力(なるもの)　81
無宗教家　124
無病息災　85,87,88
―延命長寿の心　→こころ

〔め〕

瞑想　37,39　→神想観
迷妄(の自壊)　64
恵み　14,43
神の―(を確認したる状態)　42,43
→祈り
眼に見える世界　35　→見える世界
メニンジャー(の、博士)(『人間の心』の下巻)　78,109
→カール・メニンジャー

〔も〕

目標　24
一つの―又は理想　→理想
森下君　55

〔や〕

薬剤　105
―の奴隷状態　44
薬効　115
病(い)　65,75,79,125
鼻の―　→鼻
病まざるもの　81
暗(やみ)　41

〔ゆ〕

唯心論者　138
唯物論者　138
憂鬱　11
遊戯　25
一場の―　25
ユダヤ人
(当時の)―の思想　73,74

キリストに対する―の呪い 73
ユニティ教派(の雑誌『デーリー・ワード』) 107
夢 24
進むべき中心点のない― 24
赦(ゆる)し 72,127,139,164
神の無限の愛と― 11
「釈(ゆる)す」 110 →「放つ」

〔よ〕

善き事 38
善きもの 98
ヨブ 77
「ヨブ記」(第二十二章二十一、第三十三章四) 77
よろこび(喜び、悦び、歓び) 65,156,162,166
―の顔 162
―の豊富 142
―をもって生きられる道 157
神と偕なる― 63
神の―に満ちた生命(いのち) →いのち
自分の― 156,160

〔ら〕

ラザロ 125

〔り〕

理 84
利己心 69,70 →愛に背く心
離婚 64
理想 24,95
自己の― 101
一つの目標又は― 24
民族の― →民族
理念
―の表現 49
→真象(しんしょう)
一定の― 100
「いのち(―)」 →いのち
自己の―(の姿) 100,101
(色々の)利益(りやく) 62

〔る〕

類 57

〔れ〕

霊 39,79,116
―的自己 →自己
―的障礙(しょうげ) 117
―的精神的なる富 →富
―的存在 116
―の故障によって起る病気 →病気
―の障害による病源 117
―の世界 114
或る―的指導者 107
色々の― 59
浮ばない― 65
多くの有力な指導― →指導霊
神の― 77
守護― →守護霊
招― →招霊
精神的(にして)―的なる富 →富
祖先― →祖先霊
その家の縁者の― 65
その人の守護―(祖先―を含む)の悟りの向上 →守護霊
その人の本―の悟り →さとり
それを動かす― 99
地上の事に執着している― 65
霊界 64
―の人 64,65
霊覚 56,58,60 →森下君
(愛の)霊光 11
冷酷 69,70 →愛に背く心
霊魂 58,64

色々の—や神々 59
先妻の—(の承諾) →先妻
霊視 58
霊能
鉱脈透視の— →鉱脈
自分の持っている— 55
→森下君
透視及び直感の— 55 →森下君
特殊な— 60
(神の)霊波 23
(クレダ・)レーネル(Cleda Reyner)
107 →『デーリー・ワード』
歴史 130,131

〔ろ〕

老子 132
労働者 136
ローマ 114
ロンドン(の霧) 138,139

〔わ〕

(オスカー・)ワイルド 138
和解 51,52,53,58,63,77,78,135
人と—していない者 77
若さ 112
「惑病同体」 105 →仏教
忘れ上手 127
悪い(こと、事) 38,121
悪い人 120,121 →悪人
悪口(わるくち) 12
われ 82
我れ 81, 82, 84
我(われ) 84
肉の— 47
本当の— 47,63

箴言・真理の言葉

「ああ神の子だ(！)」 150
「ああこれは私の性格が鏡に映っているのだな」 28
「あなたは立派なお蚕(かいこ)さん」 153
あの人があの時ああいう態度に出たことは、却って私にとって必要なことだったのである。私が彼を憎んでいたのは、私の観察眼が狭いために、あの人がああいう態度に出たことを、自分に害があるように思って思い違いしていたに過ぎないのである。本当はあの人がああしてくれたので、私のためになったのである。私はあの人に感謝する。何某(なにがし)よ、私はあなたに感謝する、本当に感謝する。私はあなたに感謝し、あなたを祝福するものである。有難うございます。有難うございます。 164
「あの人のお蔭で商売(その他何でも)が成立っているのだ、有難うございます」 6
「起きて床(とこ)をとり上げて歩め」 125
「およそ天国とはこの幼児の如きものである」 83
「悲しめる者は幸いなるかな、彼等は必ずや慰められん。神は如何なる混乱の中からも調和を齎(もたら)し給(たま)うのである」 37
「神の心動き出でて言(ことば)となれば一切の現象展開して万物成(な)る」 50
「神の子だ！」 151
「神の無限の愛われに流れ入り給(たま)いて、愛の霊光燦然として輝き給(たま)い、すべての不安、恐怖、憂鬱を雲の如く散らしめたまうのである。」 11
「神の霊われを造り、全能者の気息(いき)われを活(い)かしむ」 77
「神は今に到るも働き給う」 63
「君は自己の生命を愛するか。然(しか)らば、決して時間を浪費してはならない。何故なら時間こそ君の生命が造られている実質であるから」 111
「現象なし」 49
「請(こ)う、汝、神と和(やわら)ぎて平安(やすき)を得よ。然(しか)らば福禄(さいわい)なんじに来(きた)らん」 77
「心は全ての造り主」 99
「この道はハイハイと掻(か)き上(あが)る道や」 83
「死せるに非(あら)ず、寝(い)ねたるなり」 125
「自分は既に赦(ゆる)されたり。神によって完全にせられたのである。最早、欠点もなく浄(きよ)められたのである。」 4
「廃(すた)るもののなきように擘(さ)きたる余りを集めよ」 18
「既にわれ無限供給の富を受けたり」 8
「立対(たちむか)う人の態度は自分の心の影」 159
「天地一切のものと和解せよ」 58
「富める者の天国(最大の安全感ある場所)に入(い)ることの難(かた)きこと駱駝(らくだ)の針の孔(あな)を通るが如し」 141
「汝は神の子であって神の無限供給により一切の負債(おいめ)は支払われ、今、汝は既に無限の供給を受けているのである」 9
「汝は既に霊界の人であって地上の存在でないから、地上の世人に於ける地上の営みに執着しないで霊界で向上の道を辿って下さい。地上の吾々の家庭では子

供の多いことであるし、地上の生活上家事をとるため後妻が必要であるから後妻を貰いたいからこれは已(や)むを得ない事情の出来事として怨(うら)まず嫉妬せず、家庭の中に不幸の起らないように祝福しておいて完全に霊界の人となって下さい。いつまでも地上の事に執着している霊を浮ばない霊といっていつまでも苦しまねばならぬのである。今後一ヵ月間聖経『甘露の法雨』をあなたのために誦(よ)んであげるから、その真理をよく聴き悟って人間本来肉体でないこと、病(やまい)も本来ないこと、本来自由自在で歓びに満たされていることを悟って、成仏して自由自在の境地に入って下さい。」 64
なんじら立ちかえりて静かにせば救いを得、穏かにして依り頼まば力を得べしと。然(さ)れど、汝らこの事を好まざりき。なんじら反(かえ)りて云(い)えり。否(いな)、われら馬に乗りて逃げ走らんと。この故になんじら逃げ走らん。又云(い)えりわれら疾(はや)きものに乗らんと。この故になんじらを追う者疾(はや)かるべし。 76
「汝ら天地一切のものと和解せよ」 51,53
「肉体(は、本来)無(い、し)(！)」 86,87
「肉体は心の状態の象徴である」 108
「人間は神の子(だ、である)」 74
「人間は神の子であるから、便秘ぐらいによって害されるものではない。われ便通によって生きず、神の生命(いのち)によって生くるなり」 111
「人間は何であるか。人間は物質でない。肉体ではない。霊である。霊は金剛不壊(こんごうふえ)である。だから黴菌に侵されることはない。気候風土の変化によって病気になることはない。霊は神通自在であるから、決して不幸に陥ったり、貧乏になったりすることはないのである。」 39
「野の百合は如何にして育つかを見よ」 100
「人の負債(おいめ)を赦(ゆる)せ」 5
人々よ、安らかであれ、吾(われ)はすべての人々に感謝する。よく戦ってくれた。よく働いてくれた。あなた達が居てくれたので私の生活が光栄あるものとなったのである。雷霆(らいてい)も、暴風も、山雨(さんう)も、地震も、海嘯(かいしょう)も、それは私を高めるためのものでしかなかったのである。吾(わ)れ、一切人、万事万物に感謝する。人々よ、平安なれ。 174
「人を呪わば穴二つ」 5
「(人、他(ひと))を喜ばせる事が(結局)自分の喜びである」 156,160
「物質と見えているものも実は物質ではない。神の生命、仏の慈悲があらわれているのであるから、大切にそれを拝んで使わねばならぬ」 18
「物質は無い」 18
「旧(ふる)き天と地とは過ぎ去れり、自分に過去は無いのである。今が新生である。新しき神の生命(いのち)が天降(あまくだ)ったのである。」 165
「枕よ、有難う。寝床よ、有難う。蒲団よ、有難う。寝巻よ、有難う。空気よ、有難う、……」 165
「先ず神の国と神の義(ただしき)を求めよ。その余のものは汝等に加えらるべし」 98
「まだ正確に何人(なんぴと)も、如何なる心の状態が肉体にどのような一定の反応を惹(ひ)き起すかということは知ってはいない。何故なら肉体は複雑なる機構であるからである。しかし大づかみに謂(い)ってみて、不快陰鬱なる感情は肉体の倦怠疲労を惹(ひ)き起し、他を憎み害せんとする感情は肉体の或る帯域

(たいいき)にわたって攣縮(れんしゅく)、狭窄(きょうさく)、硬直等を惹(ひ)き起し、驚愕(きょうがく)の念は呼吸に影響を与え、恐怖は不当に体温を上昇又は下降せしめる」 107
「もし芥子種(からしだね)ほどの信(しん)だにあ(ら、れ)ばこの山に動いて海に入(い)れというと雖(いえど)も必ず成らん」 42,98
「夢を描け」 24
善き話題――彼はこんな深切なことをした。／彼はこんなに向上した。／自分はこんなに楽しいのだ。／自分は近頃大変健康だ。(まだ現象的には健康になり切っていなくとも好い、こう話すのだ。) ／自分の従事する事業は益々栄えて行きつつある。 168
万(よろず)の悪事災難をも遁(のが)れ、その身無病息災にして、寿命長久に、剰(あまつさ)えその人柄までもよろしく罷成(まかりな)り 85,87
「類は類を招(まね)く」 5
「類を以て集(あつま)る」 5
ローマは一日にして成らず 114
「私はあなたを赦(ゆる)しました。私はあなたに感謝しています。有りがとうございます」 6
「私は罪なき神の子である。すでに浄(きよ)まれる者である。神の健康なる生命(いのち)、神の喜びに満ちた生命(いのち)が私である。私は喜びそのものである。私は幸福そのものである。私は健康そのものである」 166
「われ既に富めり」 141
「吾(われ)は神と一体である。神が吾(われ)を赦(ゆる)し愛し給(たま)うが如く、我(われ)もすべての人を赦(ゆる)し愛するのである。神の無限の愛と赦(ゆる)しがわが中(うち)に満ちていて全ての人を赦(ゆる)し愛したまうのである」 11
「我れは道であって、この道を通ればすべての人間は神の子なることを自覚し得て、永遠に渇かない生命を得る」 74
「我らに負債(おいめ)ある者を我らの免(ゆる)したる如く、我らの負債(おいめ)をも免(ゆる)し給(たま)え」 5